DO LORG

Dánta agus Aortha

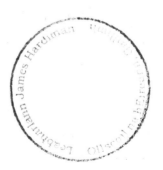

PÓL BREATHNACH

DO LORG

Dánta agus Aortha

Maille le ceithre cinn fhichead
de leaganacha Fraincise

*

TRACES DE TON PASSAGE

poèmes et satires en irlandais

avec vingt–quatre versions en langue française
réalisées par l'auteur et Nathalie Lerendu–Brand

*

et huit peintures de

MIREILLE GUÉGANT

Ocht bPictiúr Dhaite

Cló Iar-Chonnachta
Indreabhán, Conamara

An Chéad Chló 1997
© Pól Breathnach 1997
© (na pictiúir) Mireille Guégant 1997

ISBN: 1 900693 79 8

Dearadh Clúdaigh
Fabien Laze

Dearadh
Foireann CIC

Faigheann Cló Iar-Chonnachta Teo. cabhair airgid ón gComhairle Ealaíon.

Foilsíodh cuid de na téacsanna seo cheana sna hirisí *Comhar* agus *Cyphers*.

Clóchur: Cló Iar-Chonnachta, Indreabhán, Conamara, Co. na Gaillimhe
Teil: 091-593307   Faics: 091-593362
Priontáil: ColourBooks Ltd., Baldoyle, Baile Átha Cliath 13

Brollach

Fórsa domhínithe í an Fhilíocht. Bronnann sí an luach is airde ar aon cheapadóireacht a bhfuil sí i láthair go tréan inti. Níorbh fhurasta riamh don ábhar file breith uirthi, déarfainn. Agus is measa i bhfad a chás sa saol atá anois ann, nuair nach furasta dhó, ach oiread, greim a fháil ná a choinneáil ar oidhreacht na Gaeilge beo.

Séard atá sa leabhar seo toradh mo chuid streachailte laethúla leis na deacrachtaí seo, agus le deacrachtaí nach iad—trí fichid dréacht ar cumadh a bhformhór le cúig bliana anuas. Is as canúint Inis Oírr, Inis Meáin, agus Chois Fharraige a fáisceadh iad, ar an gcuid is mó dhe, cé go bhfuil téarmaí agus teilgin chainte thríothu nach dual don chanúint sin. In áiteacha éagsúla atá a suíomh: dúiche na canúna; bailte móra na Beilge agus na Fraince; Baile Átha Cliath; ceard iargúlta de Státaí Mheiriceá; críocha aineoil. . . .

Ní chumfaí go brách iad marach tionscadal comhpháirtíochta ("*Œuvres croisées*") a bhí ar bun agam féin agus ag an ealaíontóir a bhfuil roinnt dá cuid pictiúr sa leabhar: Mireille Guégant. Ba é bunús na comhpháirtíochta sin—rud ar chuimhnigh sise air an chéad lá—go gcuirfeadh muid ár saothar i bhfianaise a chéile le súil go nginfí saothar nua, neamhspleách. A muinín asam a choinnigh beo mé mar fhile. Eiseamláir a modh oibre agus áilleacht a healaíne a leigheas mo phairilis.

Dise a rinneadh na leaganacha Fraincise, leaganacha nár mhór a slacht in éagmais an chúnaimh agus na comhairle a sholáthair fíorcharaid eile—Nathalie Lerendu-Brand—go fial flaithiúil.

Is í m'iníon, Úna Bhreathnach, a cheartaigh profaí an leabhair, go grinn agus go foighdeach, in ainneoin a raibh de ghnóthaí tábhachtacha eile idir lámha aici.

Go bhfága Dia agus Muire a sláinte acu triúr.

P. B.,
Inis Oírr,
30 Aibreán 1997

5

Avant-propos

La poésie est une force inexplicable qui par sa seule présence, pour peu qu'elle soit intense, suffit à rendre une œuvre unique. Elle n'a probablement jamais été facile à capturer, mais à l'heure actuelle, le poète d'expression irlandaise se retrouve confronté à d'autant plus d'obstacles que la langue vivante, son héritage, devient insaisissable.

C'est d'un combat quotidien mené, entre autres, contre ces difficultés que ce livre résulte : soixante textes, pour la plupart composés pendant les cinq dernières années. Ils sont principalement issus du dialecte irlandais d'Inis Oírr, Inis Meáin et Cois Fharraige*, quoique des termes et expressions qui lui sont étrangers les parsèment. Ils se situent dans divers lieux : le foyer géographique du dialecte, de grandes villes de Belgique et de France, Baile Átha Cliath (Dublin), un coin reculé des États-Unis d'Amérique, des régions inconnues. . . .

Ils n'auraient jamais été composés sans le projet d' « Œuvres croisées » que j'ai entrepris avec le peintre dont plusieurs des tableaux figurent dans ce recueil. C'est elle, Mireille Guégant, qui a pensé, à l'origine, au principe de notre collaboration : les œuvres de chacun ont été présentées à l'autre dans l'espoir d'en engendrer de nouvelles, capables d'exister en soi. Sa confiance en moi a maintenu en vie ma vocation de poète. L'exemple de ses méthodes de travail et la beauté de son art ont guéri ma paralysie.

C'est pour elle qu'ont été réalisées les versions françaises de certains de ces textes, versions qui auraient manqué de finesse sans l'aide et les conseils si généreusement accordés par une autre vraie amie – Nathalie Lerendu-Brand.

Úna Bhreathnach, ma fille, a corrigé les épreuves, avec précision et patience, malgré ses nombreuses autres occupations.

Je les remercie sincèrement toutes les trois.

P.B.,
Inis Oírr,
le 30 avril 1997

---

* Les deux plus petites des îles d'Aran et la partie de l'Irlande directement à l'ouest de Gaillimh (Galway).

CLÁR

Table des matières

I lár an leabhair a gheofar na pictiúir.
Tá siad féin agus téacsanna áirithe sa tiomsachán seo ag freagairt dá chéile,
agus tá teidil na dtéacsanna sin luaite leo dá réir.

Cur Síos ar Bhunchóipeanna na bPictiúr: leathanach 114.

Les peintures sont reproduites sur les planches au centre du livre.
Il existe une correspondence entre chacune d'entre elles et le texte
dont le titre figure en dessous de la reproduction.

Descriptif des peintures originales : page 114

THUSA

Toi

AITHEANTAS*

in Inis Oírr dom

Thusa an mhíorúilt, an chathair ghríobháin,
buaile is creagán, feart, claí, is cosán;
thusa an ciúineadas, an raithneach is an caonach,
saintearmann aonair an iliomad bláth.

Thusa, mo léan! an scéiniúlacht údaí,
an neach arb í tús is deireadh gach bóthair í,
ag geonaíl, ag cneadaíl, go síoraí ag únfairt,
dúghorm, fiáin, mídhaonna, gan trócaire.

Connaissance*

vers d'Inis Oírr

C'est toi le miracle, le dédale. C'est toi cet ensemble de prés minuscules, de dalles, de tombes, de murets, de sentiers sinueux. Tu es ce silence, cette fougère et cette mousse, ce refuge unique d'innombrables fleurs.

C'est toi, hélas! l'immensité épouvantable au delà; celle qui commence et qui termine chaque chemin; celle qui gémit, qui bat du flanc, et qui éternellement se soulève : bleue, farouche, sans pitié, inhumaine.

---

* Féach Pictiúr I/ *Voir planche I.*

13

AN GHEALACH DHEIRCEACH

A bhanscál an uaignis, seang do chrot;
fuil ná feoil ní shamhlaím leat.

Neamhshaol na draíocht' do chleacht, ní gníomh,
is aon draostacht leat ní shamhlóinn choích'n.

A bhanscál ghealchneasach, cuid iontais do bheogacht
ag cur dhíot go frimhagúil sa seomra tráthnóna,

nuair ba mhóide do scéimh do chóiriú dubh.
Ba léir duit claochmú na taoille is an tsruth';

óir bhí aithriste ag mo chéile dhuit i gcomhrá cneasta
scéal dophléite mo leannáin leapa—

Croissant de lune

Créature des ombres, des solitudes, ta forme est mince; aux choses du corps je ne t'associe pas.

C'est l'autre monde de la magie que tu fréquentes, non le domaine de l'action; de toi jamais je n'imaginerais aucune sensualité.

Créature à peau blanche, il y avait de quoi s'étonner de ton animation pendant que tu plaisantais ce soir au salon,

ta beauté révélée par une tenue noire. Tu savais bien le changement de la marée et du courant :

mon épouse t'avait raconté, en conversation douce et franche, l'histoire embarrassante de mon infidélité –

scéal múscailte méine, dúshlán faoin bpósadh!
Bhí fíon is teas sa seomra tráthnóna.

An fíon is an teas ba chúis leis an suaitheadh
sna súile lenar dhearc tú mé, is dearg-lasadh do ghrua?

---

histoire de désir éveillé, d'un défi au mariage! Il y avait du vin et de la
chaleur ce soir au salon.

Étaient-ils la cause de cette agitation dans tes yeux quand tu me regardais, et
du rougissement brûlant de tes joues?

I nGARRANTA BEAGA NA CREIGE

Tá an ghrian gaibhte faoi, is cosúil, cheana féin. Clapsholas. Cafarnach bháistí ag tosú. Agus anseo ar an leic taobh istigh den duirling, céad slat ón bhfarraige, tá géire sa ngaoth. Rachaidh mé ar fascadh i gceann de na trí sheangharraí bhídeacha atá neadaithe i laganna na leice.

Garranta scoite iad. Déanta in áit nach bhfuil tada eile agus nach mbeidh go brách. De réir sheanchas an bhaile, is duine gan talamh gan trá a rinne iad nuair a thóg sé claí míchumta timpeall an chupla réalóg a bhí ann cheana agus tharraing gaineamh is feamainn ar an láthair. Isteach liom thríd an mbearna leagtha. Deich gcoisméig ar a fhad atá an garraí seo, b'fhéidir, agus tá an talamh garbh, éagothrom. Feicim scraith bhog, ámh, ar an taobh thoir den chlaí. Fascadh. Síos go talamh le mo mhála beag. Suífidh mé.

Tá cóta agus caipín orm, léine mhór agus treabhsar báistí. Beidh

---

Dans les petits champs du rivage rocheux

Le soleil, semble-t-il, s'est déjà couché. Crépuscule. Le crachin commence à tomber. Et ici, cent mètres à l'intérieur des terres, sur les dalles de calcaire séparées de la mer par une ligne de blocs de pierre rejetés, le vent est d'un froid pénétrant. Je m'abriterai dans l'un des trois champs minuscules qui se nichent entre les dalles.

Ce sont des champs isolés. Créés dans un endroit où il n'y a rien d'autre, où rien d'autre n'existera jamais. On raconte dans le hameau qu'un homme sans terre ni rivage les a façonnés en élevant un muret biscornu autour des quelques brins d'herbe qui s'y trouvaient déjà et en y apportant du sable et des algues. J'entre par la brèche. Ce champ mesure peut-être dix pas de long, et le sol en est raboteux et inégal. Je vois du gazon mou, pourtant, du côté est du muret. De l'abri. Ma sacoche tombe par terre. Je m'assois.

Je porte un blouson et une casquette, un imperméable et un pantalon mé teolaí sa gcró falaigh seo. Deis agam smaoiniú orm féin. Istigh ina gcuid tithe, ag ól tae cois tine, atá muintir an bhaile.

Smaoiniú orm féin. An leathbhliain úd a chaith mé i t'fhianaise, a chuir deireadh go deo le ré de mo shaol, le só, le pósadh, le sábháilteacht, le measúlacht. Bhí mé tarnocht. Fágtha. Soghonta. Níor admhaigh mé ariamh dom féin go dtí inniu é: ní hé an t-áthas a mhothaigh mé an t-am sin, go hiondúil, ná an bród, ach an sceimhle uafásach a ghineas aineolas agus éidreoir. Agus an dtuigim an scéal fós féin?

Thart timpeall, tá dúghlaiseacht na leice agus na gcloch ag cumasc le glaiseacht na spéire. Cloisim sioscadh na gaoithe thríd an gclaí ar mo chúla. Agus rud eile. Gnúsacht bhodhar agus bloscadh múchta. Sclugaíl. Istigh fúm féin atá siad seo, faoin scraith, faoin leic ghlas féin: síorlíonadh agus falmhú na ndorchlaí fada atá tollta san aolchloch ag an muir.

Inis Oírr, 1991
Baile Átha Cliath, 1995

---

ciré. Je serai bien au chaud dans cette cachette. Et j'aurai l'occasion de réfléchir. Les villageois boivent du thé dans leurs maisons, devant le feu.

Réfléchir. Ces six mois-là que j'ai passés en ta présence, qui ont mis un terme pour jamais à une période de ma vie, au comfort, à la sécurité, à la respectabilité. J'étais complètement nu. Délaissé. Vulnérable. Je ne me le suis jamais avoué avant ce jour : ce n'était pas le bonheur que je ressentais d'ordinaire à cette époque, ni la fierté, mais la terreur épouvantable engendrée par l'incompréhension et la dérive. Est-ce que je saisis même maintenant le sens de cette histoire?

Alentour, le gris foncé des dalles et des pierres se confond avec le gris du ciel. J'entends le sifflement du vent à travers le muret derrière moi. Et quelque chose d'autre. Un grognement creux et des chocs assourdis. Un gargouillis. De dessous moi cela vient, de dessous le gazon, de dessous la dalle grise même : le flux et le reflux de l'eau sans cesse dans les longues galeries obscures percées dans le calcaire par la mer.

FEAR MAR CHÁCH

Mí-ordú na mbailte ar ghualainn na gcnoc;
na garranta thrína chéile; an t-aoileach; an stoc;
mogalra na gclaíocha, fliuchta ag an múraíl—
is féachaigí mo dhuine, mar sheangán i bpúirín:
ag plé le feamainn, le créafóg, is le clocha,
ag plé le comharsana, le comhairlí, is le focla,
ag plé leis an drogall is an dúil ar a gcúla—
fear mar chách idir muir agus criathrach,
fear mar chách idir dhá shíoraíocht,
fear mar chách ag ithe is ag ól . . .
marach an meangadh údaí,
marach an cuireadh chun na leapa clúmhaí,
marach an tréiscint is faoiseamh agus foilmhe,
marach an filleadh is dóchas agus sceimhle,
marach an scéimh is scian sa bhfeoil.

Cois Fharraige,
3 Meitheamh 1994

Un homme comme un autre

Le désordre des hameaux sur le flanc des collines, les petits champs emmêlés,
le fumier, le bétail, le lacis de murets mouillés par les averses. . . . Et voilà
notre ami, fourmi dans la fourmilière, s'occupant d'algues, de terre, de pierres,
s'occupant de voisins, de conseils, de paroles, s'occupant des hésitations et des
désirs en elles : un homme comme un autre entre mer et marécage, un
homme comme un autre entre deux éternités, un homme comme un autre,
mangeur, buveur. . . si ce n'était ce sourire-là, si ce n'était cette invitation au
lit tendre, si ce n'était cet abandon qui est soulagement et vide, si ce n'était ce
retour qui est espérance et terreur, si ce n'était cette beauté qui est couteau
dans la chair.

AMHRÁIN SA GALERIE DE LA REINE

Ghoin m'aire mé ag siúl abhaile dhom an oíche sin thrí na sean-stuabhealaí greadhnacha órnite lán macallaí.

Glór múchta ag gabháil fhoinn.

Shonraigh mé mathshlua cruinn ag coirnéal. Ghearr mé mo bhealach anonn thrí scuainí síoraí lucht spaisteoireachta—lucht díleáite a gcuid fíona agus dinnéar bialainne—gur dhearc mé an ógbhean chaite a bhí ag cur dhi go binn ar son pingineacha fánacha. Bhí riastradh an phaisin ina cuid ceannaitheacha. Óir bhí sí tugtha idir anam agus chorp do na hamhráin Fraincise a bhí sí a rá: amhráin de chuid ainniseoir éidreorach mná a bhí anois ag déanamh créafóige, amhráin mhagúla chroíbhriste faoina coimhlint leatromach laethúil leis an gcinniúint dhá fhichead bliain roimhe sin, amhráin ón alltar.

Bhí an cumha dofhuilingte. Ba ghearr gur éalaigh mé liom thrí shráideanna dubha doicheallacha na cathrach meicniúl' nua-aoisí. Agus ba mhóide mo bhuaireamh an t-eolas seo: nach bhféadfadh oiread agus méar liom baint leis an áilleacht seo choíche; nach sonródh sí go brách an t-éamh dúilmhear a bhain sí de mo chroí; nach bhfreagródh sí an freagra a thug mé uirthi; agus gurbh iondúil an cás amhlaidh.…

Thuig mé ansin, de splanc, cén fáth ar thug mé dhuitse, gan smaoineamh, cead treascartha mo shaoil.

19

MAIDIN DÉ DOMHNAIGH

Bhí tú téaltaithe amach, mar ó dhia, faoi dhéin
builín ón mbácús, an Domhnach úd san earrach;
bhí tú téaltaithe amach, sa bhfuacht, faoi mo dhéin-sa,
is do chéile dleathach tréigthe sa leaba 'ad;

is ba chuma sa mí-ádh cén scrios is cén anachain
a rinneadh ar an rialtacht ón oíche aréir,
mar ba thú féin an drúth ba daoire sa drúthlann,
ógbhean na pite, ag tógáil an aeir.

Bhí do lámha sáite síos i bpócaí seangheansaí;
bhí do ghorúin anonn is anall, is thú ag siúl;
    bhí do chíocha ag luascadh go luaimneach gan cheangal;
    ar do bheola neamhchúiseacha ar maidin bhí meangadh;
is náire dhá laghad níor léir i do shúil.

IARGHNÍOMH

i.

Éadaí gleoracha samhraidh a bhí ort nuair a d'fhág tú, den uair dheireanach, an stáitse úd. Nuair a d'fhág tú a raibh fanta den chathair: seansráideanna gan aird, cuislí ciúine ar annamh aon chuairt orthu ag áitreabhthóirí na gcodailbhailte bána is na bpálás gáifeach ilstórach.

Rue de Liedekerke. Rue Traversière.

Nuair a d'fhág tú ceantar na mbocht, Saint-Josse. Nuair a bhí na mná urrúnta Turcacha faoina bhfeisteas ildaite fós ina suí (a lámha idir a nglúine) i ndoirse na dtithe dlútha donn' de chuid an chéid seo caite. Nuair a bhí teas i gcónaí sna clocha pábhála faoi chois. Nuair ab éanacha creatlom' gan eitilt, is gach aon éamh astu, iad na gasúir bhuíchraicneacha ina scaoth chuile lá sa bPlace Bossuet, páirc gan seamaide féir.

Rue Potagère. Boucherie chevaline.

Sna sráideanna arda, d'fhaightí ar maidin baladh an aráin, cístí beaga, *couques au beurre.* Sna sráideanna ísle: baladh bréan síoraí na séarach.

"Scríobh chugam faoi mhionscéalta, más mian leat: an traein. . . ."

Prince de Liège. La Mort subite.

Lean an saol air thar éis duit imeacht—mo shaol féin agus saol na mbocht. Bhí mé cinnte, áfach, go bhfillfeá. Bhí do rian le brath chomh láidir sin go fóill sna seomraí feidheartha, i measc na mboscaí crón' cáirtchláir, is nár fhéad mé gan ceapadh go nochtfá as aer i do chumraíocht chorpartha. Nár mhinic cheana, go háirithe, a d'fhan mé is gur buaileadh cling ag an doras trom iarnda thíos, agus ar oscailt dom....

St. Michel. La Dernière Heure.

Lean an saol air. Ó mhaidin go faoithin, lean an toirneach bhodhar: an tram aonsúileach buí ag ardú an chnoic os comhair an tí. *Rue de la Limite.* Crochadh fógraí geala ag geataí smúitiúla scoile: OBLIGATION SCOLAIRE. Tháinig fionnuartas an fhómhair. *Het Laatste Nieuws.* Maraíodh go leor nuair a phléasc an gás i sraith seantithe árasán, i mbaile Vallúnach ó dheas. *Porte de Namur.* Istigh faoin gcathair, bhí traenacha caocha mílítheacha ag coinneáil orthu go malltriallach gíoscánach, ag imeacht le sruth sa dorchadas thar réaltbhuíonta soilse: MIDI . . . KAPELLEKERK . . . GARE CENTRALE . . . . I dtaca na dúluachra, ag fágáil an tí dhom leis an leanbh ar maidin, d'fheicinn an ghrian ag bun an chnoic: ubh dhearg a baineadh as corp circe a dícheannaíodh.

Rue de l'Inquisition.

Tháinig an litir dheireanach uait.

Is dá liachtaí glam chéasta dár lig mé asam, i mo shuí dhom ar chuilt i gcúinne an tseomra fhalaimh, dá mhéad uair dár chaoin mé an t-am a bhí caite is an t-am a bhí le a theacht, cailliúint mo nuachair is cinniúint m'iníne, is an pósadh nach gcoinneodh lataí an tsaoil anois le chéile, níor chaoin mé thusa. Oiread is deoir.

Cairrín páiste thar chlocha míchothroma: an tsiúlóid laethúil chuig an bpáirc sa bhfuacht. *Rue de la Croix de fer.*

Ceiliúr na Nollag: cling aonrach an tram.

iii.

Tost na hathbhliana, tost nár briseadh, ainneoin na scríbhinní fada
a chuir mé chun bealaigh chugat. An mhór-iarracht dheiridh. Caint le
duine nárbh ann di a thuilleadh. . . .

Laroche d'Orient : Reçoit tous les jours. . . . *Ramène les affections
perdues.*

Ba ghearr go scaipfí an fearas stáitse: díol an tine gháis, stuáil na
mboscaí, is seachadadh na heochrach don tseanbhean thíos staighre.

Ar thuig mé fós féin é? Bhí an t-iarghníomh thart.

A LA MORT SUBITE*

Bhí an-bhás faighte ag mo dhuine sa stoirm;
Ina chluasa go fóill bhí gaoth agus torann.

Bhí scéin na stoirme ina dhreach, ina shúil,
agus iarlaom na comhriachtana, na hoícheanta úd

ar facthas a thaibhse i gcúinne an chaifé
ag méirínteacht le leabhar faoi mheathsholas lampaí

is ag stánadh thar chorraíl neamhshuimiúil na mbeo.
Tromchúis a chinniúint' níor léir dhó fós—

go raibh deireadh go brách le caidreamh coiteann,
le dóchas saolta, suáilceas, sonas,

ó lig sé é féin idir anam agus chorp
le gealneach baineann nár gheall dhó faic;

ó fearadh faoina chomhair feis cheiliúrtha an chéileachais;
ó seoladh ina leannán é chun leaba na Scéimhe.

Fios collaí nárbh fhéidir a dhearmad choíche!
Fios collaí arbh ionann é is bás don saol seo!

Fios collaí is ar lean é: buille na híobartha
is seachrán síoraí ar shlí na Fírinne!

Ina shuí dhó ina aonar sa gcaifé plódaithe,
le linn oícheanta fionnuara ceomhara an fhómhair,

in aice lucht geáitsíocht', fachnaoide, is gáire,
falmhú na mbuidéal, fógairt an dáilimh,

---

* Ainm seanchaifé in *flot sacré* na Bruiséile.

níor thuig sé fós go raibh sé imithe ó dhlínse
breithiúna feola is reachtaíocht' daonna.

Níor thuig sé sochar is dochar a cháis:
saoirse aitheascalach a shaoil iarbháis.

IARMHAR SEIRCE

In antráth na hoíche, sa tsráidín chúng ag coirnéal na cearnóige meánaoisí, nuair a bheas clic claic sál ard ar chlocha taise pábhála, áit éigin sa gcathair ghríobháin, ag dul in éag; nuair a bheas a gíoscán déanta ag an eochair i ndoras an ósta agus an t-óstóir féin, ag méanfach dó, imithe suas a chodladh; nuair a bheas baladh te milis na gcístí á lagú ag geoladh gaoithe, agus na hagaillí deireanacha (Fraincis? Pléimeannais?) ligthe ag lucht ragairne, i bhfad ó láthair; nuair a bheas an ciúnas i réim—ansin seas thusa, a strainséara, leat féin, i scáil dhubh dhorcha an árais sceabhaigh mhionchaite seo, agus bí san airdeall. Bí san airdeall agus feicfidh tú, ag scinneadh tharat san aer, ár dtaibhsí ar foluain—muid gléasta in éadaí geala ár linne, is ar ár ndreach an sean-bheophianadh. Éist leat go gcloisfir, in ainneoin na mblianta tréigthe, osnaíl throm agus cogarnaíl dhian ár seirce.

Les Restes d'un amour

Dans la nuit à une heure indue, dans la ruelle au coin de la place médiévale, lorsque le clic-clac des talons hauts sur les pavés humides, quelque part dans le labyrinthe, s'éteindra; lorsque la clé du bar aura émis son grincement et que le propriétaire, en baillant, sera monté se coucher; lorsqu'une brise légère dissipera l'odeur chaude et sucrée des pâtisseries, et que les derniers cris (français? flamands?) auront été poussés par des fêtards au loin; lorsque régnera le silence – alors, Inconnu, attendez seul, debout dans l'ombre toute noire du vieux bâtiment penché, et restez en éveil. Restez en éveil et vous verrez passer nos fantômes hâtifs, planant dans l'air, portant les vêtements éclatants de notre époque, le visage empreint de la même angoisse qu'autrefois. Écoutez et vous entendrez, malgré les années fades et enfuies, les soupirs lourds et les murmures intenses de notre amour.

NA DEORA NÁR SILEADH

Nuair a thréig sí mé, ar deireadh thiar thall, nuair a d'inis dom go raibh ré nua tosaithe agus ár saol i bpáirt, an saol a thóg muid go cúramach dúthrachtach ar feadh seacht mbliana, lá i ndiaidh lae, go raibh sé caite i dtraipisí, go raibh sé thart, thart, THART . . . ansin, ansin, shuigh mé síos ar phluid i gcúinne lom den seomra feidheartha gur lig uaill asam, gur chaoin mé uisce mo chinn tráthnóna is tráthnóna is tráthnóna: ag gol i ndiaidh an ghrá sin bíodh gur mise a mharaigh é.

Ach nuair a thréig tusa mé, go grod, gan fios gan fáth, is í an fhearg is mó a tháinig. Gur imigh arís. Is deoir níor shil mé fós don rud do-mharaithe.

THAR ÉIS DOM FIOS A FHÁIL
GO bhFUIL TÚ TORRACH UAIDH

Iompaíonn an scéal leamh fireann
ba mhaith leat a chumadh
i gcónaí i gcónaí ina sheanscéal baineann,
scéal seirce is colainn'.

Na canálacha atá le tochailt 'ad
de réir an phlean gníomhaíochta,
iompaíonn siad go síoraí ina linníní síofra,
duibheagáin dhubha na murúiche draíochta.

Thusa, a dúirt liom nuair a thugais liom cúl,
"A leithéide níl mé ag iarraidh a mhothú arís choíche!"
is a shamhlaigh an aontumha an lá ab fhaide anonn,
is taisteal na dtíortha go geanmnaí i t'aonar,

En apprenant que tu es enceinte de lui

Le conte fade et masculin que tu cherches à inventer se transforme imman-
quablement en légende féminine, en légende d'amour et du corps.

Les canaux que tu dois creuser, selon le Plan d'action, se transforment
éternellement en étangs de fée, gouffres noirs de la sirène magique.

Toi, qui m'as dit en m'abandonnant: « Que jamais plus je ne me sente ainsi! »;
toi qui imaginais vivre plus tard dans le célibat; toi qui rêvais de parcourir le
monde, chaste et seule,

tá seans agat air!

Leor duit dearcadh sa scáthán,
leor duit siúl síos an cosán,
leor duit cuimilt do dhide den éadach bán
le do mhianta a lasadh.

Tuigeann tú brí
an fhógra a thagas ó do bhroinn gach mí,
an foláireamh gáifeach dearg:
"Seo é do nádúr! Ná dearmad!"

Shíl tú éalú. Ní cheadóidh
an toircheas atá anois i do choim a leithéide,
ach thú a éigniú ar ais go síoraí chuig siléar na gcéadfaí,
is gach doras a iamh is a dhaingniú le maidí éamainn.

2 Meitheamh 1993

---

tu parles!

Il te suffit de voir ton image dans le miroir, de te promener le long du trottoir, de te frotter le mamelon contre du tissu blanc, pour que tes désirs s'allument.

Tu comprends bien le sens de l'avis qui te parvient, chaque mois, de ton ventre, l'avertissement éblouissant en rouge : « Voici ta nature! Ne l'oublie pas! »

Tu as pensé te sauver. L'être qui demeure maintenant en ton sein n'autorisera rien de la sorte. Il te forcera à retourner éternellement à la cave des sens, dont il fermera et barrera chaque porte.

IN AISCE

Tá mé do do chuartú, in aisce, le laethanta.

Bhí buíocht lasta na spéire ag glinniúint thríd an gclaí barr aille, san anmhaidin, agus mé ag siúl i m'aonar ar an mbóithrín meata, ar an bhféar scáinte, i dtreo na mara. Ach ní raibh tú ann.

Chuir mé do rian i línte tanaí na litreacha fada a sheol tú chugam an bhliain úd, agus sna leathanaigh líonraithe scrábálacha a chlóscríobh mé féin i gcín lae na linne. Gan a theacht ort.

D'éist mé go haireach le comhrá oileánach, go n-airínn i leagan aduain, b'fhéidir, macalla faon do ghlóir; ach níor airigh.

Agus má thugaim orm féin, i ndeireadh an lae, fásra agus fiántas

---

En vain

Voilà plusieurs jours que je te cherche en vain.

Au petit matin, le jaune lumineux du ciel étincellait à travers le muret de pierres sèches au bord de l'escarpement, pendant que je me promenais, seul, sur le chemin abandonné, sur l'herbe clairsemée, du côté de la mer. Mais tu étais absente.

J'ai suivi ta trace dans les lignes fines des longues lettres que tu m'expédias cette année-là, et dans les pages exaltées et brouillonnes tapées dans mon journal intime de l'époque. Sans te découvrir.

J'ai écouté attentivement la conversation des gens de l'île, pour saisir dans une tournure rare, peut-être, l'écho affaibli de ta voix; mais rien ne s'est laissé entendre.

Et si, le jour tombant, j'allais aux terrains bas qui bordent le lac –

ísleáin na locha, an dtiocfaidh mé, seans, ar lorg úr coise sa láib, agus oiread na fríde de theas inti fós óna teagmháil ghairid le do throigh gheal nocht?

Inis Oírr,
7 Aibreán 1996

---

terrains d'abondante végétation sauvage − y découvrirais-je par hasard, dans la boue, une empreinte de pas encore fraîche, gardant toujours un rien de la chaleur laissée par le contact fugitif de ton pied clair et nu?

DO T'FHIAFRAÍ

Thar éis dom t'ainm a labhairt os ard, den chéad uair le fada fada, le
    duine a bhí eolach ort

thar éis dom t'ainm a labhairt leis an té a bhfuair tú an beo ina broinn

thar éis dom a chloisteáil as a béal go mbeifeá sa teach sin i gceann trí lá

(cé nach bhfeicfinn thú, cé nár mhaith leat mé a fheiceáil)

mhothaigh mé arís do chumhacht cheilte, mar a mhothófaí foisceacht
    na dtoirneacha Cincíse

Demandant de tes nouvelles

Ayant dit ton nom tout haut, pour la première fois depuis bien longtemps, à
    une personne qui te connaissait

ayant dit ton nom à la personne dans le ventre de qui tu as reçu la vie

ayant appris de par sa bouche que tu te trouverais dans cette maison-là trois
    jours plus tard

(alors que je n'allais pas t'y voir, que tu ne voudrais pas me voir)

j'ai senti de nouveau ta force voilée, comme l'on sentirait la proximité des
    tonnerres de Pentecôte

is níor strainséartha is níor neamhbheo, a thuilleadh, na moghlaeirí
millteacha ar an gcriathrach mórthimpeall

is soilsíodh de phlimp, is go hiomlán, an tírdhreach dorcha fairsing a
bhí ligthe i ndearmad ionam féin.

---

les vastes blocs de pierre sur le marcécage alentour ont cessé d'être inconnus
et inanimés

puis la soudaine et parfaite illumination de l'obscur paysage étendu, longtemps
oublié en moi.

NUAIR A BHEAS MÉ SA gCATHAIR SIN

Nuair a bheas mé sa gcathair sin an tseachtain seo chugainn,
an bhfoilseoidh mé mé féin i do dhoras go tobann,
go ndéarfad gan choinne, a shíofróg an uisce,
gan suáilceas, gan plámás, gan gáire,
go n-airím i gcónaí uaim mac úd do bhroinne
nach mbéarfar,
is gur cuimhin i gcónaí liom an scian is a loinnir
ag tairiscint báis dom
nár phian, ach pléisiúr—?

AR AN UAIGNEAS

Leis an gcoimheascar a dhéanaim mo bhealach anseo, ag fágáil an tí dhom is ag treasnú an mhuirbhigh fhalaimh. Go sroichim an duirling, go sáraím na moghlaeirí dorcha, is go dtagaim go tobann i bhfianaise an tsuaite, i bhfianaise na búiríola is an bhalaidh mhuirí.

I nganfhios don saol atá an luain seo ann. Ar thráín idir na caraíocha. Thar éis bhriseadh gach brutha, le teitheadh an tsáile, lomtar an leathchearcall cothrom glan, ag síneadh uaim soir 's ag sioscadh.

Anseo ar an uaigneas, tá deireadh le huaigneas. Óir is ann is ceadmhach do chuid áilleachta a dhearcadh—de bhuíochas ár scartha agus sciorradh na mblianta—agus í go fóill faoi chumraíocht shaolta: scáil na gile íne ar an bhfuarghaineamh drithleach is amuigh, go míshuaimhneach, ar dhroim na háibhéis'.

Dans la solitude

A l'heure du crépuscule je me dirige ici, quittant la maison et traversant les sables vides, jusqu'à la ligne de blocs de pierre sombres rejettés par la mer. Je les franchis, et je me trouve tout à coup en présence de la turbulence, du mugissement, et de l'odeur marine.

C'est à l'insu de tous que cette agitation se déroule, sur une plage minuscule entre deux saillies rocheuses. Après chaque déferlement de vague, avec la fuite des eaux, le demi-cercle lisse et immaculé se dénude – s'étendant vers l'est, sifflant.

Ici, dans la solitude, l'isolement prend fin. Car ici – malgré notre séparation et le glissement des années – il est permis de contempler ta beauté, toujours sous forme temporelle : le reflet d'une pure clarté sur le sable froid et luisant, et plus loin, agité, sur le dos de l'abîme.

35

DE THORADH AN AMA

Nuair a fheicfeas sí arís mé,
thar éis an scartha chianaigh,
cuma cén aois mé,
nár lige Dia
go ndéarfadh ina hintinn féin

go bhfuil dath mo chuid tréithe tréigthe,
mo bhlas lagtha,
ná meath ar an dúil a chuirinn inti—

ach chaon tréith shainiúil a bheith tagtha
chun gile, chun déine;
an blas chomh tréan, chomh séasúrach;
's gan scamall anois an dúil—
dochuimsithe, íon, úr.

DO LORG

I. STAIR

"Otium, Catulle, tibi molestum. . . ."

Sa gcaifé seo a lonnaínn i ndeireadh an lae,
caifé órnite na scáthán is na gcolún,
iarsma oileánaithe ón naoú céad déag,
go mblaisinn faoin lampa *thé au citron.*
Is dhírínn m'intinn ar théacs is ar thiontú,
ar réamhrá, míniú, is abairtí mionchló
—aguisín ar leathanaigh bhreactha bhreise,
dátaí is lúibíní is comharthaí ceiste—
ar an mbeathaisnéis bhearnach, an t-aon tuairisc is féidir
a thabhairt ar ghaige gráiscíneach léannta
—cumadóir cáiréiseach aistíní miondeilfe—
dhá ndearnadh, de thoradh a chuid seirce is seirbhe,
is a chuntais leanúnaigh ar a cheangal cumainn,
príomhfhile liriceach na linne is na teangan. . . .

Údar tuairimíochta ag tráchtairí fíoraitheantas
a ghrá geal gan trócaire, bé dhorcha an drabhláis.
Arbh í deirfiúr ghalánta fhear gríosta an tslua í,
is nuachar fhear ceannais an chúige ó thuaidh
—ar chonsal ar ball é—a cailleadh de bharr nimhithe?
Banóstach síor-ragairne i ngairdíní a vile
ar cháil di malairt fireannaigh a bheith aici gach oíche?
Uasalbhean oilte—ainmhí cíocrach!—
ar scorn léi, más fíor, gach rúndacht is scáth,
ach blaiseadh i lár an lae ghil d'aoibhnisí an ghrá?
Striapach chultúrtha na cúlchainte draosta,
bean leapa a haon dearthára, "Meadaea na Palaitíne"?

Leanann an t-eagarthóir, an Francach foghlamta,
tagairtí is leideanna i línte na nduanta,

focail dhébhríocha i bpailmseist is i bpár,
in annála is in óráidí a tháinig chugainn slán—
ag athchumadh stair na bé seo is an fhile
go gcailltear a lorg, cheal fíoras, cheal foinsí,
ina leithéide seo de bhliain, go deo na ndeor,
i gCathair na cianchuimhne, *le théâtre de leurs amours*.

II. PRÍOMHCHATHAIR*

Thrí chuislí na *quartiers*, bhí carranna ag ropadh;
bhí leathmhilliún aonad ar na luasbhealaí móra;
bhí eitleáin dírithe orainn, is diúracáin dhorcha
a chlaochmódh ina ceo "Príomhchathair Roinn Eorpa".

B'fhada ó hargadh na múrtha meánaoiseach';
bhí goiris ag tolladh thrí thuláin na séipéal,
thrí dhúshraith na cathrach, thríd an gcriathrach taosctha;
ba rún le gach líne an luas a ghéarú.

ii. Capitale*

Dans les veines des quartiers s'élançaient des voitures; un demi-million d'unités sur les grandes voies jumelées; des avions nous visaient, et des missiles sombres, qui menaçaient de transformer en brume la « capitale de l'Europe ».

On avait rasé depuis longtemps les murailles médiévales; des engins foraient les monticules – les sites des églises –, les bases de la ville, le marécage mis à sec. Le vœu de chaque génération : accroître la vitesse.

*Féach Pictiúr II/ *Voir planche II.*

Ó, shíl muid, a charaid, teagmháil leis an réaltacht
nuair a sheachain na fobhailte is a mearú mífhileata,
gur áitrigh san uige, sa sean-sráidghréasán,
a raibh a imill á meilt go síoraí ag innealra.

Shíl muid go raibh fírinne na háilleachta falaithe
i seabhrán tram is i ndoinne *estaminet*,
i gcumhracht taosráin os cosáin na maidine,
i gcith ar chlocha pábhála is an loinnir a leanadh é.

Is dá mbuailfeadh linn, b'fhéidir, ar láithreán falamh,
nó ag casadh an choirnéil i bpasáistí Métro,
abhac nó anchúise, nach n-aithneodh muid ar an ala
nach raibh ann ach cleas díolacháin, duine faoi bhréagriocht?

Is dá bhfeicfí san oíche ar bhabhal iata na spéire
fíoracha nach dtuigfí ag teimhliú na réalta,
nach n-aithneodh muid láithreach iad mar sholas-seó léasair,
scléip gan urchóid don ollslua géillteach?

Nous pensions, mon amie, toucher le réel, en évitant les banlieues, leurs illusions apoétiques, en habitant le tissu, le réseau des vieilles rues, dont des machines broyaient sans cesse les bords.

Nous pensions que la vérité du beau se cachait dans le ronronnement d'un tram, l'obscurité brune d'un estaminet; dans un parfum de pâtisserie sur les trottoirs du matin; dans une ondée sur les pavés, le miroitement qui suivait.

Et si, par hasard, nous avions rencontré, sur un terrain vague, ou en tournant un coin des couloirs du Métro, un gnome ou un monstre, n'aurions-nous pas aussitôt décelé, sous son déguisement, le simple coup de publicité?

Et si nous avions vu, la nuit, au bol fermé du ciel, des symboles incompréhensibles ternissant les étoiles, ne les aurions-nous pas de suite interprétés comme les lasers d'un spectacle, distraction innocente pour la masse soumise?

"Sa gcúltseomra lom, sa seanteach sraithe,
i Saint-Josse-ten-Noode, cíoscheantar na mbocht,
bhí tú cuachta go cumhra ag fanacht, ar chathaoir,
is fallaing gan dúnadh ar do cholainn óg nocht. . . ."

Leanaimse orm, an leannán gonta,
do do chuartú gan caoifeach, amú insa lúbra:
sa Rue du Cadran 's a cuid draentracha plúchta,
thrí mhíoltóga crónánacha, bréanbhaladh camraí
a ligeadh i léig, ísleáin na cathrach. . . .
Leanaimse orm, ach céard í an chuimhne,
mar cheolta anall, do mo mhealladh chun cinn ann?
Ab é mo dhóchas, dháiríre, go n-aimseoinn an seomra
feidheartha, ceilte, sa seanteach cónaithe
a chraitheadh an tram ag teacht in aghaidh aird dó
cois Rue de la Limite—sa mogalra sráideanna—,
is go mbeifeá cuachta ar chathaoir nuair a d'osclóinn an doras ann,
do dhearca lán castachta dírithe ormsa?

Ba thusa glanmhalairt na meicniúlachta is an teanntáis,
gach 's a raibh de leimhe ann, de ghairbhe, is de ghránnacht.
Cruth daonna an diúltaithe! Bhí tú sciamhach, seachantach,
éisealach, magúil, mionchúiseach, ceannairceach.
Áilleacht an aigéin is an tsneachta is na hoíche!
Ba fineáilte do chuid ceannaitheacha, ba scáthmhar do chíocha.
Príbhléid gan choinne méar a leagan ar do cholainn,
do chuid céadfaí a bheoú, comhsmaointe a chumadh;
mian thar mhianta a bheith sínte le do thaobh
ag ól na te-anála ó cheartlár do chléibh.
Is níor stró dhúinn an t-am is an spás a shárú,
a bheith beo faoi iontas in aimsir shíorláithreach;
mar is í an scáil a d'fheicinn i ndoimhneacht éigríochta
do dhá dhearc friochanta scáil úd na Fírinne.

IV. CEANNPHEACA

(duan dialainne)

Níl toirmeasc ar an aineolas i saol seo na seachmall,
ar theagasca nach dtuigtear, ar theagasca iomraill. . . .

Chuamar, faoi anáil Freudach, ar fán
i ndorchlaí dúnta, ag athoscailt feadán,
ag faire fuascailte in aislingeacht ghearrchaile
a chaith ina cadhan aonair blianta a cathraithe.
Grotesque. Lubrice.
Shamhlaigh tú do leannán ar a liachtaí sin caoi:
striapach fir ag falróid go fruigiseach
sa Chaussée de Haecht i measc na n-imirceach;
rac-cheoltóir ruibheanta ar a ghogaide cois tobair,
ag drannadh go teiriúil, a shúile do do tholladh;
deartháir sna déaga, múscailte ag an toirneach,
do do tharraingt chuig a leaba gan focal a labhairt leat. . . .
Cén ní a theastódh leis an toil seo a shású—
forghríosú gach fireannach? éigniú an Áibhirseor'?

Níl toirmeasc ar an aineolas i saol seo na seachmall . . .
ná ar an teagasc a thug orm fuinneamh le cois
a fháisceadh i mo chuid focal is féachaintí is muirnéis'.
Is cinnte nárbh fhearrde muid an bhrí a bhain mé
as traidisiún caillte, cultas an Bhandé—
marbhán méarnálach, conablach síceach,
cnuasach fuinnimh ag dreo is ag fíniú,
is á úsáid ag neacha ar ionadh dhúinn a láidreacht
ar theacht gan laincide dhóibh inár láthair:
"Gránnacht na hearráide nó áilleacht na Fírinne—
cén ceann is mó atá sa gcaidreamh seo, dháiríre?
Mar tá tú claochmaithe! I t'fhaolchú, ag cneadaíl le brothall!
Ar ghairbhe do chuid fionnaidh tá glaise na lofacht'.
Tá tú claochmaithe, ag cleitearnaíl, a sheabhaic na rosc gleorach!
Nach géar é do ghob, ar thoib mé a scláradh!

Tá tú claochmaithe, a ollnathair fhuarfhuilteach mhall,
do mo mhealladh le do lúbarnaíl i dtámhnéalta báis!
Cén mearbhall atá orm? An thú Ísis fhuilbhreac,
éalaithe as an Iarsmalann, sa seomra le m'ais?

"Faraor géar faoi m'aon cheannpheaca:
mo dhúil i gcumhacht is i gcuibhrigh nár theastaigh!
Thú féin a d'iarr scian le fonn mé a shá,
ach cén neach nach n-aithním atá ag tiomáint do láimh'?"

V. FUASCAILT

Do lorg a leanacht go dígeanta—níor leor é;
ná thú a aireachtáil uaim as aois na hóige;

ná a dhul ar do thuairisc i stair is i scéalta,
i dteangacha na cruinne, in oirfide, in éigse—

i bhfásach, i míntír, in oileáin mhara,
ar raonta imigéiniúla is ar chosáin chathrach.

Níor leor mo thnúthán a chur in iúl
le ráite paiseanta, le deora, le diurnú;

ná a dhul i gcontúirt an ghealtachais mire,
mo réasún a chréachtadh faoi chomhairle chiméarach.

Níor leor an dílseacht thrí scaradh buan;
ná ar chum mé, le hurraim duitse, de dhuanta

—saothrú cloíteach righin na rann seo—;
ná oilithreacht a thabhairt ar na háitribh a ghnáthaigh muid;

ná cromadh céad uair, ag iarraidh thú a thuiscint,
ar bhrionglóidí, ar dhialann, is ar litreacha na linne sin.

Níor leor is ní leor. Ní bhfuair mé fós fuascailt.
Bhí an uaillmhian, mo léan! thríd an iomlán, á thruailliú.

Chuir mé dhíom thú, a Ghrá, nuair a bhí tú i ngar dom,
is daoradh mé go dorchlaí na hintinne is an ama.

Iarraim anois eagnaíocht is aontacht is fíre
le mo phearsa ar fad a thíolacadh is a dhíriú;

ó sheachmall an *ego* iarraim mo shaoradh,
thrí éifeacht na míorúilt': do chuid áilleachta síoraí.

MNÁ NA CATHRACH

Femmes de la ville

DRABHLÁS

Marach an uimhir ar an ngaimbín páipéir agus dóchas fánach choinne
na haon oíche, marach mná borba aineolacha go léir na hallaí damhnsa
is na dtithe ósta, teagmháil chorraitheach a gcíoch lena chliabhrach, is a
mbéal gráiscíneach graosta lena bhéal, marach an t-údarás bréige a thug
sé faoi deara ar a thollghlór féin, i dteanga strainséartha na stróinéise, ag
déanamh sproschainte i siopa an óil, is ag scaoileadh leathmhagaidh
leibidigh uaidh. . . .

Marach sin uilig, cén chaoi a bhféadfadh sé, go deo ná choíche, tabhairt
faoin duan dian, faoin iomann molta, faoin gcuntas mion, ina shuí dhó
go haonraic ar maidin, i dteanga cheilte an cheana—cuntas mion ar
bhéal cáiréiseach, ar chomhthuiscint chroí, ar aolchorp cúthalach i
seomraí rúnda, ar an aonghrá a cailleadh is nach bhfaighfí—bhí a fhios
aige—arís? Ó cén chaoi a bhféadfadh sé choíche, marach iad, tabhairt
faoin litir nach bhfaighfí a freagra go héag?

La Débauche

Sans le numéro griffonné sur un bout de papier et l'espoir fortuit des rendez-
vous d'une nuit, sans les femmes rêches et ignorantes des salles de danse et des
bars, le contact excitant de leurs seins sur son torse et de leur bouche vulgaire
et lascive sur sa bouche, sans la fausse autorité de sa propre voix, résonnant
dans l'insolente langue étrangère – fausse autorité qu'il avait remarquée dans
le pub en s'écoutant parler pour ne rien dire et raconter des plaisanteries
imbéciles. . . .

Sans tout cela, comment jamais serait-il capable, assis dans la solitude, le
matin, d'entreprendre le poème intense, l'hymne d'éloge, le récit minutieux,
dans la langue cachée de la tendresse – récit minutieux d'une bouche délicate,
d'une compréhension réciproque du cœur, d'un corps blanc et timide dans
des chambres secrètes, d'un amour unique qui s'était perdu et qui (il le savait)
ne se retrouverait pas? Sans tout cela, comment jamais serait-il capable
d'entreprendre la lettre qui resterait sans réponse jusqu'à la mort?

MÁMH

Thar éis roinnt na maidine, níor mhiste dhuit meabhrú
ar eagrú do chluiche anois agus feasta.
Ach cé as an strainséara, an cárta cuideáin,
nár tharla i do láimh ariamh cheana?

Mhúscail tú le gairid do luí leis an imirt,
do dhúil i dteagmháil an chiorcail draíochta,
sa gcluiche a thionsclaítear ar mhaithe le cluiche,
cuma cé sciobfas, sa deireadh, an píosa.

Chniogfaí do leithéide de chearrbhach, shílfeá;
taobhaíonn an chinniúint leis an seansálaí, áfach;
is seo é arís é, an cárta cuideáin,
mámh nach dona, A an áthais.

POLL SLOGAIDE

An leathchois féin níor leag sé ariamh,
cheal cathú, i bpoll slogaide seanda an ragairne,
nó gur aimsigh, ar deireadh, fios a bhealaigh
is gur fíoraíodh tuairimíocht is tuartha na mblianta;
gur thuig sé nár chinniúint dó an cine a fhuascailt
le caint ná le claidhmhe, ná cónaí le nuachar
i ngairdín an ghrá, i luibhghort na síth',
ach an aoncheird go héag, go laethúil, gan scíth,
ríocht an ósta, pósadh beag na drúise,
scigaithris shíoraí, is dallamullóg dhúbailte.

TRÁTHÚLACHT

Nach thusa, a dhuine, an cleasaí crónta!
go deireanach aréir, i dteach an óil,
bhain tú, seacht n-uaire, gáire as an gcuideachta,
is bhain tú gáire le tráthúlacht chainte
as an strainséara sciamhach uaibhreach úd
a gcuartaíodh, de do bhuíochas, do shúil a súil.

Inniu, is na coiníní a tarraingíodh téaltaithe,
an bhfuil hata an chleasaí falamh, leacaithe?
Nuair a fheicfear an strainséara uaibhreach úd
go deireanach amárach i dteach an óil,
an mbeidh chuile striog den draíocht scaipthe
is fear na seacht n-iontas ar an bhfaraor géar?

Dallamullóg gan éifeacht a bhí ann aréir?
Timpiste thráthúil, nó teagmháil le cinniúint?

DO BHRIONGLÓID

Dúnta le blianta, le blianta—an doras. . . .
Séard a rinne tú i do bhrionglóid é a bhrú uait go réidh,
agus chonaic tú den chéad uair an seomra leathdhorcha,
an tearmann teann, an cuan slán,
is an té a bhí istigh ann—mise mé féin—
craptha, cúbtha, camta. . . .

Níorbh fheasach thú cén gnó a bhí orm;
bíodh geall, ámh, go raibh i mo ghaobhar
fillteáin faoi dheannach, foclóirí tura,
is taisí do mo ghríosadh chun graostachta is chun spairne,
is deamhain ghealsúileach' le sceana do mo scláradh. . . .
Dar fia, a leithéide de thearmann!

                              Má tá tú,
a Chuisle, ag fuireacht go fóill ag an doras,
nárbh fhearr dom, mar sin, éirí go gairdeach
go siúlfad go tuisleach i dtreo an tsolais
lom láithreach?

Ton rêve

Fermée depuis des années, des années – la porte. . . . Dans ton rêve tu l'as
poussée doucement, et tu as vu pour la première fois cette pièce dans la
pénombre, le refuge clos, le havre sûr, et celui qui se tenait là – moi –
contracté, recroquevillé, tordu. . . .

Tu ignorais comment je m'y occupais. Parions, pourtant, que j'étais entouré
de dossiers poussiéreux, de dictionnaires ternes – et de fantômes qui
m'incitaient à la débauche, à la bagarre – et de démons aux yeux lumineux,
armés de couteaux, qui me lacéraient la peau. . . . Nom de Dieu, quel drôle
de refuge!

Si tu attends toujours à la porte, mon amour, ne ferais-je pas mieux de me
lever joyeusement et, sans tarder, d'avancer en chancelant vers la lumière?

AN RUD SEO

"Céard ba mhaith leat a dhéanamh anois?" Sin é a d'fhiafraigh tú dhíom agus an bheirt againn inár seasamh ar an gcosán fliuch dorcha os comhair an tí ósta amach.

Dhearc muid a chéile nó gur chlaon mé chun tosaigh, i modh freagra, agus d'fhéach le do bhéal a phógadh. An chéad uair ariamh! Ach, faraor cráite! chúb tú is chúlaigh tú uaim.

D'ionsaigh muid orainn ag siúl, agus shiúil muid i bhfad faoi bháisteach. Faoi dheireadh, agus muid inár seasamh os comhair ráillí arda páirce dúnta, cheartaigh tú dhom an scéal. Dúirt gur chuir chuile fhear a dhruid leat ariamh scéin ionat, agus fonn ort éalú. Dúirt: "Más féidir leat é sin a mhíniú, beidh mé buíoch."

Níorbh fhéidir. Ach ina dhiaidh sin, shuigh muid i gcaifé plódaithe ina raibh ógmhná na cathrach faoina gcuid éadaí gríosaitheacha ag teacht is ag imeacht, agus leannáin ina suí ag boird ag meangadh gáire lena chéile. Níor mhian leat go mbreathnóinn ort.

Agus céard í an chaint seo a chuir tú uait, a chailín chasta nach ndéanfadh bréag? Go mba bheag ort thú féin a ligint leis an rud seo ar a dtugtar grá. Agus céard í an cheist seo a d'fhiafraigh tú den saol, a chailín ghrinn ar léir dhi mianta? *An cion agus tabhartas is bun leis an suirí —nó éileamh crua agus feall ina dhiaidh?*

BRISEADH FUINNEOIGE

Le dúil insan mbean a rinne sé smionagar d'fhuinneog an ósta. Ba tobann a tharla. Chuir sé strainc air féin, chuir a bhuidéal thríd an aer, is chuir iontas a ndóthain ar a raibh i láthair: lucht fasaigh is fanachta as an mbeainc is na hoifigí is iad á ndalladh féin, de réir gnáis, mar thús le saoire na Nollag.

Le dúil ina chomrádaí mná. Mar, an tráth sin, ní raibh focla, mórán, ag teacht leis. Agus dhá mbeadh féin níorbh fheasach dó cén teilgean a tharraingeodh sé chuige, cén geáitse, cén teagmháil chollaí, lena múscailt—lena *múscailt*—agus í ina suí ar an stól léi féin chomh ceilte, chomh casta, chomh seachantach tostach rúnda.

SCÍTH

Maidin lá arna mhárach, bhailigh sí léi. Ag triall ar a muintir thar sáile. Aistear ocht lá. Cé gur dhúirt, ag imeacht di, "Má fhillim, go deimhin—mara n-éalóidh mé scun scan oraibh uilig go léireach, m'ainm is mo shloinne a athrú."

Maidin lá arna mhárach—a bhuí le Mac Dé—bhailigh sí léi. Bheadh deis aige féin a scíth a ligint ar deireadh—an scíth a theastaigh chomh géar sin uaidh. Bíodh gur mhacalla mearbhlach meallacach ina chluasa an focal a d'fhuaimnigh sí ar an teileafón inné roimhe sin, den chéad uair ariamh: a ainm féin. Bíodh gur úr fós a chuimhne ar theas a hanála le linn an chomhrá a rinneadar sa teach ósta plódaithe—í á stealladh isteach ina chuid pollairí. Bíodh gur fhága sí a bráisléad leathair sa teach ina diaidh i ndearmad, agus go raibh baladh a cuid feola go láidir air. Bíodh gur phléisiúr pianmhar as cuimse a bhraith sé nuair a d'oscail sí a sheanlot gan frapa gan taca, agus chrom, chomh cumasach stuama sin, ar thóraíocht ann.

AN UACHAIS

An dorchadas dubh, badh in é do thoil-sa:
an fhuinneog a chlúdach is an choinneal a mhúchadh.

Ansin d'fháisc tú go dlúth mé i do bhaclainn gan teimheal,
d'ainneoin do choil le teagmháil na gcneas;

is nocht tú do cholainn, a ógbhean na n-athruithe,
a ógbhean a bhí seachantach cúlánta searbh.

Is samhlaíodh dhomsa nár sheomra de mo chuid-sa
é áit sin na coinne is an chéileachais cheadaithe,

ach uachais cheilte amuigh ar an uaigneas,
uachais an mhiangais ar annamh aon chuairt uirthi

is nárbh eolas d'aon duine ach thusa a suíomh,
ná a tomhaiseanna ná a tréartha ná í a bheith ann.

Ní thuigim, áfach, an mar fhireannach fánach,
strainséara storrúil a tháinig an bealach

tráth féile, ar fearadh orm an phribhléid?
Nó a mhalairt uilig—go raibh mé i láthair

i mo cháilíocht mar chompánach an choibhnis chinnte
a treoraíodh siar thrí tholláin do shaoil-sa,

siar thrí dhorchlaí dubha do chuid déaga,
thar an imreas, thar an éamh, thar an gcastacht, thar an gcéasadh,

gur theann mé ar deireadh leis an duine ba thusa,
gearrchaile naíonda sa dorchadas á nochtadh—?

SCARADH

Bhí sí ag filleadh ar a dúiche féin. Níor mhóide go bhfeicfeadh sé arís í, go deo. Thar éis ar tharla eatarthu. An cosán úd a lean siad beirt chomh fonnmhar sin, badh eo é a dheireadh: tost agus triomach, solas lag, deannach sa bhfriota gaoithe.

Bhí sí ag filleadh ar a dúiche féin. De bhuíochas na spéise a chuir sé inti ó thús: a dreach fíor-athraitheach, a gotha múisiamach, casta. De bhuíochas a chuid ceisteanna uilig agus an chaoi ar labhair sí leisean thar mar a labhair le aon duine riamh. De bhuíochas na gcomhráití cáiréiseacha laethúla.

Bhí sí ag filleadh ar a dúiche féin. Cé nach raibh faic ansin roimpi. Cé nach raibh cuing ná ceangal air-san. Cé gur bhraith siad beirt géarghá le caoifeach, is gur réitíodar thar cionn le chéile: frimhagadh, spochadh, gáire.

Bhí sí ag filleadh ar a dúiche féin. Ach an mbeadh, áfach, marach an mí-ádh? Marach easpa ama idir bráillíní oíche, cogar nár tuigeadh ceart, eolas collaí nach raibh ar fáil ar uair na hachainí? Marach an t-achasán a tugadh, an focal a tharraing focal eile, gur cruthaíodh deighilt dholeigheasta cholainne?

Bhí sí ag filleadh ar a dúiche féin. Thar éis gach iarracht ar mhíniú, ar réiteach. Bhí deireadh anois leis sin. Ní thuigidís, go broinne an bhrátha, iomlán an scéil. Scaradh na gcorp: ba ghearr go dtósódh an scaradh intinne. Thar éis dhul in aitheantas—ligint i ndearmad!

Bhí sí ag filleadh ar a dúiche féin. Níor chuir sé láimh ná níor labhair smid lena bac. Ainneoin a gcosúlachtaí saoil is dearcaidh. Ainneoin na dúile a bhí acu ina chéile. Ainneoin fhollús dubh rúnda a dteipe féin, á dtarraingt chun a chéile.

I gCRÓ NA ROTHAR

Níor dhíol suntais é an seanchró sa lána cúlráideach. Séard is mó a thabharfá faoi deara ina thaobh go raibh an dá dhoras adhmaid thar a bheith sleabhctha agus an phéint uaine ag titim ina screamhóga dhíobh as éadan.

An tráthnóna seo, áfach, bhí na doirse béaloscailte agus tacaí leo. Thagadh an scorach amach as an meathdhorchadas ó am go ham. Rothar á bhrú aige agus á leagan le claí amuigh. É teann téagartha. Na déaga glanta aige ar éigean. Folt fionn agus súile léire.

Nuair a bhí sé cinn de rothair tugtha amach aige, shuigh sé ar a ghogaide le hais ceann acu. Bhain rinse fada as póca leis gur thosaigh ag deisiú. Brothall an lae.

Isteach leis arís faoi choinne píosa.

Ag an bpointe seo, shroich mé chomh fada le doirse an chró agus d'ísligh de mo rothar. Sciorta dearg samhrata go colpaí orm.

"Hóra!" Bhí mo dhá shúil sáite agam sa talamh romham.

"Hó!" ar seisean, istigh.

"An rothar."

"Arís."

"Sea," arsa mise. Bhí crith i mo ghlór. Bhreathnaigh mé air den chéad uair. É ina sheasamh ag fanacht. Forbhríste air.

"Tabhair isteach í."

Thugas. Dhruid sé i leith.

"Céard é féin an t-am seo?" Rug sé greim ar mo rothar.

"Ó, chuile shórt. An cloigín." Bhain sé cling as mo chloigín. "Is na boinn." D'airigh sé mo chuid bonn, á bhféachaint. "Is an t-iomprán." Leag sé láimh ar m'iomprán. "Is an troitheán deas." Leag sé cois ar mo throitheán deas.

Bhí mé ag cneadaíl faoi seo. "Agus an diallait!" arsa mise de shnag. "Tá an diallait ró-ard! Agus an fráma, an fráma uilig!"

Chrom sé láithreach ar an obair: cuimilt agus fáisceadh—miondeisiú—an rinse. Bhí mé báite in allas, bhí na ballaí ag casadh, is bhí an t-urlár ag iompú . . . ina thocht.

DIOMÚ MAIDINE

Cén smál a bhí orm nár thapaigh an deis,
an silleadh súl nár mhair ach móimint?
A leithéide de thairiscint! A leithéide de ghealladh!
Nach diabhlaí a lig mé mo leas ar cairde
bliain is an taca seo: do chroí gan cheangal
agus geataí an ghairdín ar leathadh romham!

Diomú duairc na maidine anois é,
thar éis brionglóidí parthais mar a rinneas aréir:
neadú cluthmhar do chinn ar mo bhaclainn,
taise do bhéil-sa ag tnúth le mo bhéal.

DAINGNIÚ CEANA

Tháinig mé abhaile thar éis dom thú a dhearcadh arís, gan labhairt leat, agus thú ar do shiúl ionsaithe anonn is anall i mbun do chuid oibre, sa siopa mór gona chuid pacáistíocht' fealltaí is a chuid droch-cheoil ina sceidíní gan iarraidh.

Tháinig mé abhaile, agus thuig: ní scarfadh leat choíche an chaoimhe fhuinniúil, an scéimh fhileata, cuma cén cúram cuma cén áit, os comhair an phobail nó i rúndacht seomra, ach í ina cuid dhílis dhíot, i nganfhios dhuit, amhail eas sléibhe, fás fuinseoige, fia.

BAILBHE*

Nárbh aisteach is nár bhambairneach gur ina fianaise sise, i bhfianaise an t-aon duine i gcathair sin na leimhe buile a bhféadfadh sé an fhírinne a dhéanamh léi gan scáth gan náire, gur ina fianaise sise, a deirim, a d'iompaíodh sé ina bhalbhán. Ach d'iompaíodh: arís is arís eile. Go deimhin, bhí an oiread sin ceann faoi air faoi dheireadh mar gheall air go seachnaíodh sé í. Ainneoin a séimhe, a háilleachta, a grástúlachta, a hionracais, a héirime follasaí, agus an chaoi a dtugadh sí féin aghaidh chomhrá air nuair a d'fhaigheadh sí an deis. Ainneoin na n-uaireanta an chloig a bhí caite aige féin ag roghnú focal le rá léi. Ainneoin na n-aistí filíochta ina taobh a bhí tionscailte aige. Ainneoin nár thuig sé ó thalamh an domhain cén chiall a bhailbhe.

Nárbh aisteach is nár bhambairneach! Ní raibh aon lá dhá n-éiríodh ar a shúil nár cheisnigh sé é féin. Céard a bhí air? Ar

---

Mutisme*

Comme c'était bizarre et frustrant que ce fût en sa présence à elle, en la présence de la seule personne, dans cette ville d'ennui fou, à laquelle il se croyait capable de dire la vérité sans honte ni hésitation – que ce fût en sa présence à elle, je dis, qu'il devenait muet! Mais c'était cela qui arrivait, maintes et maintes fois. A la fin, il en était même tellement humilié qu'il l'évitait. Malgré sa douceur, sa beauté, sa grâce, son intégrité, son intelligence manifeste, et le fait qu'elle engageât la conversation avec lui chaque fois que l'occasion se présentait. Malgré les heures qu'il avait passées à choisir des paroles à lui dire. Malgré les poèmes à son sujet qu'il avait entrepris. Malgré le fait qu'il ne comprenait ni le comment ni le pourquoi de ce mutisme.

Comme c'était bizarre et frustrant! Il n'y avait pas de jour où il ouvrait les yeux sans se poser de questions. Qu'avait-il? Était-ce une timidité

---

* Féach Pictiúr III/ *Voir planche III.*

chúthaileadas uafásach é nó rud eile? Níorbh fheasach dó. Ach thar
éis na mbeart, nuair ba léir dó nach rachadh aige an bac seo a shárú,
lean cuimhne amháin de: an nóiméad úd trí bliana roimhe sin, in éindí
leis an leannán deiridh, nuair a scoir sé den suirí ainrianta a chleachtadh
sé léi gur bhain lán a shúl as saineithne a banúlachta—an fhaighin sin i
lár na colainne a bhí pógtha muirnithe adhartha le leathbhliain aige—
amhail fear arbh é a rún a chead a ghabháil, a chead a ghabháil. . . .

---

monstrueuse, ou quelque chose d'autre? Il ne savait pas. Mais, à la fin
des fins, quand il vit clairement qu'il ne réussirait pas à franchir cet obstacle,
un souvenir vint le hanter : ce moment-là, trois ans auparavant, en compagnie
de sa dernière amante, quand pendant les jeux érotiques débridés qu'il
pratiquait d'habitude avec elle, il avait fixé ses yeux, avidement, sur la
quintessence de sa féminité – ce vagin-là au milieu du corps qu'il avait
embrassé, carressé et adoré pendant six mois – comme un homme qui
comptait faire ses adieux, faire ses adieux. . . .

AN ABHAINN

—— Agus ag teacht aniar an bóthar dhúinn, a ainnir an spleodair, a ainnir an bheagáin airde, ba fonn liom na sreamaí a bhaint de do shúile. Go dtuigfeá é seo: níor chodaí mise ach oiread!

Thríd an bhfál scáinte, chonaic muid an t-uisce. Arsa mise, gan frapa gan taca: "Tuige nach mbainfeadh muid dhínn go mbuailfeadh muid amach ag snámh san abhainn? Má tá sí glan."

Dath bánghorm lachtach a bhí uirthi. Ach badh iúd amach thú thríd an sruth, ag rá i ndiaidh do leicinn go raibh a leithéide seo de cheimiceán inti, ach cén dochar, cén dochar?

Ar an mbruach a d'fhán mé féin, fhad is a d'imigh tú uaim, gan a bheith cinnte ar chríonnacht nó codaíocht é. ——

La Rivière

—— Comme nous revenions par cette route-là, jeune fille fringante et peu attentive, je désirai te dessiller les yeux. Pour que tu comprennes ceci : je n'étais en aucune façon un lâche, moi non plus.

A travers la haie dégarnie, nous aperçûmes l'eau. Sans hésiter un instant, je dis : « Pourquoi ne pas nous déshabiller et nous baigner dans la rivière? Si elle est propre. »

Elle était bleuâtre, laiteuse. Mais te voilà partie à travers le courant, en me lançant par-dessus ton épaule qu'il y avait tel ou tel produit chimique là-dedans, mais qu'importe, qu'importe?

Quant à moi, je restai sur la rive, pendant que tu t'éloignais, sans savoir au juste si c'était là sagesse ou lâcheté. ——

D'UIREASA AN PHEATA

Bhí mé chomh tuirseach sin díom féin, lá na cóisire, chomh tuirseach sin den síorcheisniú aonaránach, den síoraithreachas, den síorfhíorú, den tsíortharrtháil, gurb éard a dúirt mé liom féin ag dul amach dom go bhfágfainn Mise ag baile.

"Agus is cuma sa bhfeamainn cén meas a bheas ag na daoine orm. Dheamhan blas a dhéanfas mé le taithneachtáil leo."

D'imigh mé ansin agus d'fhág an peata leochaileach straoiseach sa seomra faoi ghlas i mo dhiaidh. Anocht, ar a laghad, ní bheadh sé le cosaint, le slíocadh. Bhí mé saor air!

Is a leithéide de shaoirse mheisciúil! Mar d'iompaigh an saol frae chéile ina rince ainrianta, ina cheol gan cuibhreach. Agus mé féin ba chéad rogha na mban ba bhreátha nuair a fógraíodh Damhsa na bPóg, a mhaisce! "Cé hé mo dhuine?" a dúirt na daoine.

Is dúirt tú féin liom, go domhain san oíche, ag fágáil slán duit go dúthrachtach caoin, "Is amhlaidh a bhí mé i ngrá leat anocht."

26 Meitheamh 1996

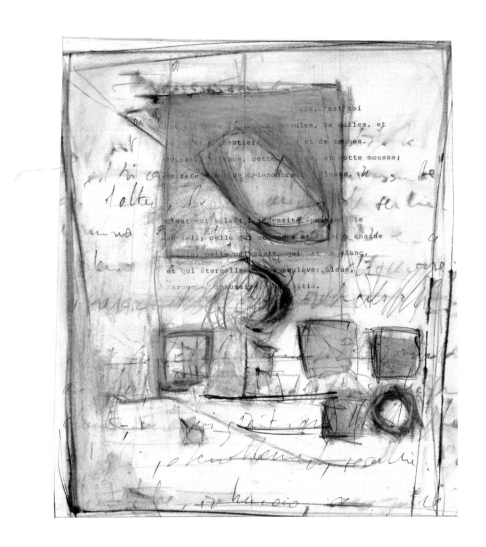

I. [A<small>ITHEANTAS</small>/*Connaissance*]
leathanach *page 13*

II. [Do Lorg (Príomhchathair)/*Traces de ton passage (Capitale)*]
leathanach *page* 38

III. [BAILBHE/*Mutisme*]
leathanach *page* 61

IV. [LÉGITIMISTE/*Légitimiste*]
leathanach *page* 84

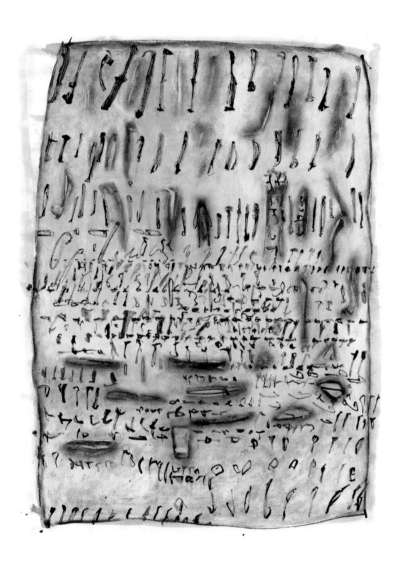

V. [GARRAÍ LOCH AN OILEÁIN/*Le Champ du lac, dans l'île***]**
leathanach *page* 91

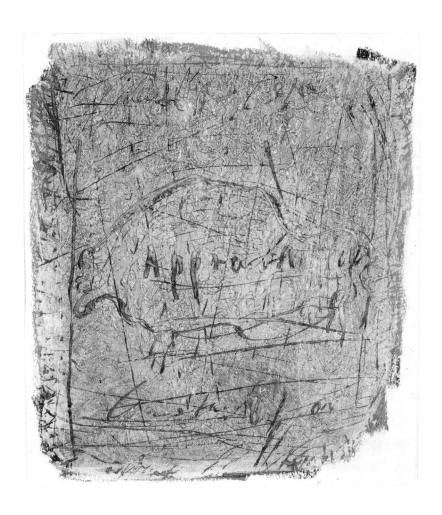

VI. [GABH I LEITH/*Approche*]
leathanach *page* 107

VII. [An Pianó Meicniúil/*Le Piano mécanique*]
leathanach *page* 109

VIII. [Rí na gCat/*Le Roi des chats*]
leathanach *page* 113

ATHBHEAN

Ex-femme

LE PLAISIR DE L'AMOUR

Le plaisir de l'amour est d'aimer; et l'on
est plus heureux par la passion que l'on a
que par celle que l'on donne.

La Rochefoucauld, MAXIMES

Cuir de gheasa orm, a Ghrá, an ribe rua as cluais an fhathaigh a thabhairt abhaile as an Domhan Thoir chugat, go gcruthóidh mé fíre mo sheirce. (**Níl sé uaim!**) Cuir do chuid smaointe in iúl dom go n-éistfidh mé go cruinn, agus den liathuisce déanfaidh muid uisce glan. (**Níl sé uaim!**) Labhair faoin duine ba thú féin tráth—i do leanbh, i do mhalrach, is i do ghearrchaile dhuit—go gcúiteoidh mé leat gach mealladh, gach diomú, gach pian. (**Níl sé uaim!**) Seas os mo chomhair go ndéanfaidh mé dealbh fhoirfe dhíot as focail, duan a shaorfas thú ón mbás is a mhairfeas chomh fada is a bheas teanga i mbéal an duine. (**Níl sé uaim!**) Nocht dom mianta ceilte do chroí, go gcuirfidh muid i ngníomh iad, go bhfágfaidh muid, tamall, an intinn is an craiceann is gnáthach linn, agus fillfidh arís lán le ríméad. (**Níl sé uaim!**) Gabh i leith go n-adharfaidh mé le mo cholainn gach orlach díot, go ngabhfaidh mé ar seachrán i dtír chasta, nua-aimsithe, rúndiamhair, go ndéanfar dínn aon chorp amháin. (**Níl sé uaim!**) Abair liom láithreach má ghoidim ort dubh na hiongan de do shaoirse, go dtabharfadh mé ar ais faoi sheacht duit í, ó chroí maith mór, go bhfoghlaimeoinn le lufáire a dhéanamh leat faoi phléisiúr ar bith a thoghfas tú féin. (**Níl sé uaim!**)

Ach beidh sé uait, a Ghrá, beidh na nithe seo ar fad uait, nach mbeidh, nach mbeidh, má chruthaím mo dhíocas is mo dhílseacht, má phósaim thú, má roinnim a bhfuil agam leat, má ghinim leanbh leat? Is mara leor é sin, abair liom céard eile, mínigh dhom céard eile.... (**Níl sé uaim, níl sé uaim, níl sé uaim!**)

DINNÉIR

*"Labhraínn le daoine san oifig—daoine meabhracha deisbhéalacha—i do
thaobh agus thugainn le fios go raibh tú féin spéisiúil mar dhuine, agus ansin
nuair a thagaidís chugainn ar cuireadh, bhíteá bómánta dúr—smideanna beaga
asat ar éigean—agus bhíodh náire orm. . . ."*

Tá an mhilseog ite agus an caifé dáilte,
an lucht féachana ina suí is a súile ar an stáitse.
Las na soilse, croch suas an ceol!
Seo chugainn faoi dheireadh an t-údar iontais,
seo chugainn an t-ainmhí annamh a gabhadh!

Seo chugainn, a dhaoine, faoi na soilse greadhnacha,
faraor, go straoilleach, mall, místuama,
beithíoch fíormháchaileach a baineadh as a chleachtadh,
is é ag éisteacht go faiteach le macalla mí-nádúrtha
a bheagáin búirigh.
Is má bhraitheann sé aon ní seachas an scanradh,
fonn díoltais é, ar bhean a ghafa.

25 Eanáir 1994

ATHBHEAN

Thú féin a bhí ann ag an doras aréir—ní mar a bhíonns, ach mar a thogróinn: faoi aoibh bhreá, faoi éadaí geala, ag meangadh gáire liom.

Is orm a bhí an t-iontas agus an lufáire, go ciúin, go dian, agus theann mé leat gur leag—mar a leagainn—mo dhá bhois ar do chíocha; gur shíl mé—mar a shílinn—gur chinnte, le méid mo dhúile ionat, go bhfreagródh colainn colainn.

Agus bhí ar do chúla, i ngarraí na nglasraí, an capaillín donnrua nach bhfaca mé cheana, capaillín a bhí "tugtha ar ais" anseo agat, mar a thuig mé, capaillín ár n-iníne. . . , í i riocht scrios a dhéanamh ar bharranna ach ba rí-chuma liom!

Thú féin a bhí ann ag an doras aréir, cúig bliana déag i ndiaidh ár ndealaithe, i ndiaidh dhúinn a dhul in achrann agus fuath a thabhairt dhá chéile; ach céard a thug ann thú, a Ríon an Iarainn, thrí mo néalta, go ndearna mé lufáire romhat?

Ex-femme

C'était toi à la porte hier soir, pas comme d'habitude mais comme je souhaiterais que tu sois : enjouée, habillée de couleurs gaies, me souriant.

Étonné et ravi, je me suis approché, tranquillement et intensément, de toi. J'ai posé, comme autrefois, mes mains sur tes seins, en pensant, comme autrefois, que c'était sûr, vu à quel point je te désirais, que corps répondrait à corps.

Et derrière toi, dans le jardin potager, il y avait un poney bai que je n'avais jamais vu auparavant, mais que tu avais « ramené » chez moi, le poney de notre fille. . . . Il était à deux doigts de ravager les plantations, mais cela m'était bien égal !

C'était toi à la porte hier soir, quinze ans après notre séparation, après le début de notre brouille, après notre rejet l'un de l'autre; mais qu'est-ce qui a fait que tu sois venue jusqu'ici, ô Reine de fer, dans mon sommeil, et que je t'aie accueillie, ravi?

69

INÍON

Fille

NA FATHAIGH

Cé d'fhoilsigh é féin sa gcisteanach aréir
ach fathach na bréige le scian na heagla!
Is go deimhin níorbh é an chéad uair é—
sa tsráid, sa leaba, sa seomra ranga.

Nuair a loic mo mhisneach, scaoil mé an fhearg
a d'éirigh ionam leatsa, a leana!
Maith dhom é, is ná déanadh muid dearmad:

dhá dtrian den eagla cáil agus ceo.
Níl sna fathaigh ach púcaí aeir
dhá mhéad is dhá mhinicí dhá ngéilltear dóibh.

Les Géants

A la cuisine hier soir, voilà qu'il s'est manifesté : le géant Mensonge avec son couteau Peur! Et certainement pas pour la première fois. Je l'avais déjà rencontré dans la rue, le lit, la salle de classe.

Quand le courage m'a manqué, c'est contre toi, enfant, que j'ai lâché ma colère montante! Pardonne-moi et n'oublions pas

que deux tiers de la peur ne sont que brumes et rumeurs. Les géants sont seulement des croqu'mitaines d'air, aussi fort et souvent qu'on y croie et qu'on s'y soumette.

"FAN LIOM SAN ÚLLORD"

Ní raibh úllord le feiceáil ag aon tsúil shaolta,
ach bhí ag do shúile-sa, a iníon na míorúilte,

is fanfad, más maith leat, san úllord úd,
chomh dílis leat féin, go bhfillfidh tú.

AG DUL SNA MNÁ ?

Seanghrianghraf agus is léir uaidh, a iníon, a chroí, cén saibhreas a fuair mo mháthair agus í ar cuairt abhus. In aois t'ocht mbliana dhuit agus trilseáin i do chuid gruaige, bhí intleachtaí páistiúla go síoraí do do spreagadh: tá bhur n-éadan beirt lasta le háthas is le grá.

Nach trua mara bhfuil ar a cumas sise anois, seacht mbliana níos deireanaí, a iníon, a ógbhean, le linn do chuairte thall, a chómhaith a thairiscint duitse. Samhlaím thú, faraor, i ngluaisteán mór áiféiseach le treabhsar-bhean phartalóideach, ag smúrthacht i gcarrchlósanna lachna, ar an aistear laethúil le airgead a chaitheamh i *Mall.*

SA mBÁD ARÉIR

Gean gáire soineanta a chuir tú ort, gach uair dár bhreathnaíos i ndiaidh mo ghualainne ort, sa mbád aréir, ainneoin an ocrais, fuacht na hoíche agus fad an aistir, ainneoin mhístuaim do shuí ar bhosca miotail agus torann an mhótair nár lig dúinn comhrá. Sheas mé i dtosach an bháid. Bhí muid ag teannadh, faoi dheireadh, le céibh an Oileáin; is bhí soilse na mbailte ag snámh thríd an aer, cuid díobh mear is cuid díobh mall, os cionn na farraige duibhe dofheicthe. Is b'fhiú liom imreas agus uaigneas na mblianta gean do gháire.

AG NA GEATAÍ IMEACHTA

Sa neamhionad seo gan nádúr,
ionsaíonn an triomacht is an teas
súile an duine, go séideann;
is trasnaíonn teanntás na bhfógraí
ar oibriú rúnda gach intinn'.

Ping! Would the last remaining
passengers on flight number. . . .

Taobh amuigh de dhoirse dearga,
faoi scáileáin phreabach' phlaisteach',
i bhfásach coincréite is cruach,
phóg muid leiceann a chéile,
a aoiníon liom, a iníon
dhil i lár na ndéaga,
mar neacha i dtámhnéalta;
'spáin tú do phas don phlucaire
lasánta lách faoi éide;

is shiúil tú uaim
thríd an neamhionad nua istigh
gur chraith orm láimh, gur chas

PASSENGER/BAGGAGE SCREENING

gur leag uait do mhála ar liopa
an mheaisín x-ghathaithe, gur imigh
go mall thríd an mbrathadóir miotail,
gur aimsigh in athuair do mhála;
is shiúil tú uaim
i measc na coincréite is na cruach,
ag dul as amharc
sa slua neamhchúiseach gan nádúr,
do m'fhágáil i mo sheasamh i m'aonar
sa neamhionad eile amuigh.

9 Iúil 1995

AN DÚCHAS

Appartenance gaélique

LEANÚNACHAS

Fág tromlach na tuaithe faoin mbullán is faoin arrachtach miotail;
ar dhúiche seo an chósta leag teara, is de choincréit déan tithe;
tóg glúin ann le teilifís ghallda, ceol éigneach is Béarla;
is fógair gan náire gurb iad féin Náisiún na hÉireann.

Ráth Maonais,
11 Samhain 1993

Continuité

Laisser la majeure partie de la campagne au bœuf et au monstre en métal; sur telle région côtière appliquer du bitume, et de béton construire des baraques; y former une génération de colonisés par la télévision, la musique obligatoire et la langue anglaise; puis proclamer, sans la moindre gêne, que ça c'est l'Irlande.

FÍORÚ DÓCHAIS

Síor-ól is ithe, comhrá is an Cluiche. . . .
An bhfiorófar dóchas na haislinge, a dhuine,
má dhéanann tusa do sheacht míle dícheall
i t'aonar, in ainneoin neamhshuntas an tsaoil seo?

An mbeidh an claochmú á oibriú, an t-athchruthú geal?
Fíorghaiscíoch á dhéanamh den ghallaisteoir leamh?
Éigeas is ollamh den ghobán, díol éisteacht'?
Oileán Séanta ag taibhsiú as doimhneacht an dréachta?

24 Meitheamh 1995

AN "CHEARDLANN SCRÍBHNEOIREACHTA"

Fan thusa ar leithridh, neamhpháirteach sa ngáire.
Cuir múisiam ar an gcuideachta: is amhlaidh is fearr é.
Dhá fhad uait an áilleacht in aois seo na táire,
ní call duit ballraíocht i gCumann na nÁpaí.

30 Bealtaine 1993

LÉGITIMISTE*

Ná géill do lucht forghabhála, dhá mhéad í a gcumhacht mharfach mheicniúil. Coinnigh cuimhne seasta ar an triúr taobh thiar den scríbhinn ar phár, an triúr atá ag fuireacht, roinnt neamhchúiseach, triúr a shiúil is a chonaic: oidhrí dlisteanacha an údaráis chianda.

Tá fuarbhaladh leanna go tréan ar an seomra a bhfuil siad. Tá luachra spréite ar urlár ann. Tá adhmad trom rua na mbinsí is na mbord dubhaithe ag aois agus toit. Ar na ballaí ildearga seo, shílfeá, a scaradh is a fágadh bratacha fuilsmeartha na n-arm cloíte, aimsir longbhriseadh na huaisleachta. Tábhairne cúlriascach. Tá veidhlín ina chrobh ag duine den triúr. Ag ceapadh fearsaidí fánacha is á n-aithris, is cosúil, a cuireadh isteach an tráthnóna. Ag stácadh ceoil, is ag fuireacht. Ag fuireacht, anois, gan chorraí ar bith. . . .

Légitimiste*

Ne cède pas aux usurpateurs, aussi grand que soit leur pouvoir mécanique et mortel. Garde sans cesse le souvenir des trois qui patientent derrière l'écriture du parchemin, l'air un peu détaché, des trois qui ont fait l'apprentissage de la vie : les héritiers légitimes de l'autorité lointaine.

La salle où ils se trouvent dégage fortement l'odeur d'ale éventée. Du jonc parsème le plancher. Vieillesse et fumée ont noirci le bois roux des tables et des bancs lourds. Sur ces murs aux rouges multiples, dirait-on, les drapeaux ensanglantés des armées vaincues ont été étalés et abandonnés, à l'époque du naufrage de la noblesse. Taverne du fond des marais. L'un des trois porte un violon. Il semble que l'après-midi se soit passé à composer et réciter des vers de circonstance. A jouer comme l'on peut de la musique. A attendre. A attendre, à présent, sans le moindre mouvement. . . .

---

* Féach Pictiúr IV / *Voir planche IV.*

Cuir thú féin i bhfeiliúint dóibh! Dhá dheacracht an iarracht, dhá dhúshlánaí, dhá áibhéile, ná loic. Seanchas, ginealas, ceardaíocht chasta! Dhá laigeacht thú. Dhá mhéad í bearna an eolais is an ama. Ná dearmad, a dhuine, go deo ná choíche, gur theagmhaigh do bhéal le beola osdaonna na hóige is na háilleacht'. Cuir i gcrích do chuid gníomhartha faoina hamharc sise, is cá bhfios nach gcuirfí an saol ina cheart athuair, is nach spreagfaí chun beocht' na seargáin shilte?

16 Meitheamh 1996

Apprends à être digne d'eux! Aussi pénible que soit l'effort, aussi rude, aussi vaste, n'y manque pas. Savoir traditionnel, généalogie, métier complexe! Toi si faible! Si large la brèche des connaissances et du temps! N'oublie jamais que tu as embrassé les lèvres surhumaines de la jeunesse et la beauté. Agis sous son regard, et il se pourrait même que la justice règne à nouveau, que les momies dépéries reviennent à la vie.

GORT AN BHAILE

Géill don tuirse i do chnámha.
Nach eo é faoi dheireadh Gort an Bhaile,
thrína chéile ar thaobh an chnoic?
Loic. Thar éis an aistir fhada—
an phleanáil, an mochéirí, an síor-mhioneagar,
staidéar ar stair, staidéar ar thairngreacht,
diúltú don leisce, díocas i mbun lorgaireacht' —
tá ceann do chúrsa os do chomhair amach.
Tá an ciste i bhfalach i measc na gcloch.
Géill anois do thuirse na nglún,
tabhair cead don tsúil, don chluais, don tsrón,
is comhlíon do chinniúint gan chorraí.

Cois Fharraige,
30 Bealtaine 1994

GINEADÓIR AN OILEÁIN

Cumhacht a cailleadh, is cumhacht a fríothadh.
Sa ngleann ina mbronnadh an tsióg bua na samhlaíocht',
tá baladh an díosail is pléascadh is gíoscairt,
is comharba nua-aoiseach an scéalaí go tostach ag giollaíocht.

AG AILL NA SIÓG DOM, IS AN LÁ CAITE

Nach mé a bhí diabhaltaí dearmadach! Má bhí sé ina bháisteach ar an taobh seo, má bhí mo bhróga ina liothrach, mo chosa ag sclugaíl, fuacht orm is oíche fhada romham, má bhí mo chuairt tugtha cheana ar chuile sheanteach is bungaló a mbeadh duine aitheantais ann, tuige nár chuimhnigh mé ar an bpobal eile? Ar an taobh thiar den Oileán a bhí: pobal níos iargúlta, scoite, seanaimseartha, gona gcaint chraicneach íon, ag caitheamh saol Gaelach gan bearnú go fóill.

Thríd an tollán garbh áibhéil san Aill a rachainn ann. Nach bhfaca mé amharc cheana féin ar dhaoine ag corraí ag ceann an tolláin? Ar bhean chaol chnámhach chromta ina seál fada scothógach? Ar an dath donn tréigthe a bhí ar a pearsa, ar an aer, ar sholas an lae. . . ? Bhí daoine ag corraí. Bhí an pobal beo beithíoch, ag maireachtáil go fóill i gcineál ama dá gcuid féin: am síoraí dúnta gan athrú.

Inis Meáin,
25 Meán Fómhair 1995

88

FEOCHAN

Tá an lóchrann lasta ar an mbord go fóill,
ach tá feochan fraochta ag éirí ón mbóchna. . . .

Chonaiceamar inniu ag lúb an bhóithrín
an t-olc láncheadaithe i gcumraíocht dhaonna;
chonaiceamar baois is cosamar na n-aoiseanna
á n-adhradh os ard gan náire ag daoine. . . .
Cén mhaith i gcoinne na cinniúna síoraí
fuinneoga is doirse is sclátaí is ballaí?
Anocht tá feochan na ndéithe ag éirí.

Nach gcoinneoidh muid, chomh fada 's is féidir, ámh,
an lóchrann lasta ar chlár. . . ?

Inis Oírr,
Lá Samhna 1993

BRISEADH

Námhaid ár mbasctha, a mhúch an dé bheag dheireanach dhéanach, a chuir cathanna is coimhlint na n-aoiseanna ar neamhní, níor námhaid fhíochmhar ársanta í.

Nuair a bhuail mé léi an chéad uair, is í teanga na nGael a labhair sí liom. Go briste. Ghabh sí leithscéal. Bheadh deis aici anois, a dúirt sí, díriú ar an teanga dháiríre (tharla an teach a bheith tógtha), mar ba cheart don té a phós isteach san áit. Rud tábhachtach teanga dhúchais. (An raibh aithne agam ar a col cúigir i gCorcaigh, fear a chumadh filíocht inti?) Bhí sí go mór ar a son.

Agus labhraíodh sí corrfhocal lena clann, go deimhin, ó am go ham.

25 Márta 1993

GARRAÍ LOCH AN OILEÁIN*

Tá liaga ina luí san uisce tanaí. . . .

A charaid as dúiche na ngairdíní clasaiceacha coinnithe, gairdíní na líne dírí agus an radhairc fhada, Sassy, Sceaux, Versailles . . . —shiúil tú lá pruisleach le bruach Loch an Oileáin, san áit nach dtagann ar cuairt ach an eala is an chorr éisc. Léim tú go truisleach ó chloch go cloch. Gur bhreathnaigh tharat is go bhfaca amharc ar a bhfuil taobh thiar de chúirtín an scríofa dhothuigthe: an garraí se'ainne.

Tá liaga ina luí san uisce tanaí atá ag tonnáil ina dtimpeall. Cailimhineog lena dtaobh. Níos faide aníos tá féar ag fás go huaibhreach ar an talamh starrach, ag fás le hais na gcloch géar glas atá ar mí-ordú thríd, atá ag dul i ndoiléire i ngluaiseacht shíoraí an cheo. Claí íseal ársa timpeall an iomláin. Ag titim i léig. Agus, os a chionn,

---

Le Champ du lac, dans l'île*

Les monolithes reposent dans l'eau maigre. . . .

Tu te promenas, amie originaire d'une région de jardins classiques bien entretenus, de jardins à la ligne droite et à la perspective profonde, Sassy, Sceaux, Versailles. . . – tu te promenas un jour pluvieux au bord du lac, dans l'île, là où seuls viennent en visite le cygne et le héron. Tu t'élanças en chancelant de pierre en pierre. Jusqu'au moment où, en tournant la tête, tu vis tout ce qui se trouve au-delà du rideau d'écriture incompréhensible : notre petit champ.

Les monolithes reposent dans l'eau maigre, qui, autour d'eux, clapote. A leurs côtés, des algues vertes. Plus haut sur le rivage, l'herbe pousse en abondance sur un terrain raboteux, à côté des pierres anguleuses et grises qui, désordonnées, la parsèment et s'estompent dans le mouvement éternel de la brume. Autour, un muret bas et ancien. Qui tombe en ruine. Et au dessus,

---

* Féach Pictiúr V/ *Voir planche V.*

os a chionn, tá na sluaite dochomhairithe de neacha gobacha
neamhionanna neamhshaolta, iad ag dul thrína chéile san aer, ag éirí is
ag ísliú, ag osnaíl, ag sioscadh, ag scréachaíl . . . os cionn uaigneas an
gharraí se'ainne.

Inis Oírr,
17 Aibreán 1995

---

au dessus, innombrable, la foule des êtres à bec – surnaturels et dissemblables
– qui s'entremêlent dans l'air, qui montent et qui descendent, soupirant,
sifflant, poussant des cris aigus. . . au-dessus de la solitude abandonnée de
notre champ.

I dTREO AN DÍSCAOILTE

Vers la dissolution

CÉN CALL ?

Oibrí cóir cliste éifeachtach thú!
Díol urraime is gradaim is tuarastail thú!
Cén call duit bheith buartha faoi chuspóir na hoibre?
Cén call duit bheith cráite faoi cheisteanna móra. . . ?

AN GHEALT SA MÉTRO

Sa gcaifé plódaithe, sméid bean aitheantais anall. Agus shuigh mé láithreach, agus labhair, ar nós duine nach raibh iompaithe ina uimhir. (Badh é an donas gan a bheith iompaithe! Badh é an donas an bagáiste smeartha, na cíocha is an míostrú, an chaint ar an spiorad, is an dúil dho-mharfa i bhfocail is i ngníomh!)

Sa gcaifé plódaithe, sméid bean aitheantais anall. Agus shuigh mé láithreach, agus labhair, cé go raibh an misneach craptha. (I láthair chorraí na sluaite! I láthair na sluaite ilghnéitheacha aonghnéitheacha gan teorainn! I láthair challán na meaisíní ar a n-aistir shíoraí in aisce!)

Sa gcaifé plódaithe, sméid bean aitheantais anall. Agus rinne mé spallaíocht léi: bhí smacht ar mo shaol agam is tábhacht le mo chuimhneamh. Mar ó dhia. Is labhair muid go beoga faoi seo is faoi siúd (bíodh nach raibh mo chroí leis): faoi bhéile na Nollag, faoi chín lae a choinneáil, faoi theacht na mílaoise nua, is faoin Métro a bheith foirgthe le gealta. . . .

Is chuimhnigh mé ortsa, a dheartháir bhuíchraicnigh an chóta mhóir fhada is an chaipín chluasaigh áiféisigh. Deirim nach thusa is measa. Chuimhnigh mé ar phrinceam do chroiméil, is ar chaolú is ar leathnú lántuisceanach do shúl, is ar bhríomhaireacht is ar chaolchúis do chuid geáitsí, is thú ag caint le do chaoifeach—an suíochán falamh. Is chuimhnigh mé ar do bhua thar chách: lán carráiste de bhalbháin bhodhara a chur ag éisteacht dá ndeargbhuíochas.

9 Eanáir 1993

MEICFHLAITHEAS

Na carranna seo ag ríomhaireacht thar bhruscar seo na hailtireacht';
dusta is dathanna tréigthe is an t-aigéad thríd an aer.
Gan ainmhí ná duine anseo, ach taibhsí bochta ag sealaíocht:
an buachaill bó, an t-aisteoir mná, Críost, is Odaiséas.

Baile Átha Cliath, 1986

AG FILLEADH AR PHORTOBELLO

Ní féidir an mheilt is an milleadh a chosc. I ndiaidh an aistir thrí chathair scriosta, i ndiaidh an aistir thrí thuath thruaillithe, i ndiaidh an aistir thrí chomhréir bhasctha is thrí fhoclóir smálaithe, thar bhoscaí borba na barbaracht' nach seastar ina coinne, i ndiaidh an aistir ba léir dom a mhúineadh.

Ach, a Mhaighdean, is é mo ghuidhe go dtabharfar, fós, do na sráideanna seanaimseartha beagán cairde. Tabhair, más féidir, tamall de bhlianta don tearmann ar éigean san anord coiteann, do na línte de thithe ísle dearga, do na lánaí is do na seomraí inar léiríodh dráma mo shaoil. Is spáráil más féidir focal is frása go gcríochnód mo dhán, go gcríochnód mo dhán.

27 Bealtaine 1994

CHEAL THEAGASC CHRÍOST

Arú anuraidh thug mé cuairt
ar phobal áirithe i dtír iargúlta
nár ghlac ariamh le teagasc Chríost,
ach a choinnigh a nósanna dúchais.

Ar an sliabh is airde, dhá uair sa mbliain,
　　ceiliúrtar fleá na fola,
　　is cailleann duine a bheo.
Sna huaimheanna is dorcha, le linn lán gealaí,
　　ceiliúrtar fleá na drúise;
　　is minic clann ag ógh.

Shiúil mé an ceantar úd gan séipéil,
ní fhaca mé tithe cuntais ann,
ná tithe gealt, ná tithe géibhinn,
ná láthair diúracán;

níl faitíos roimh an gcairdeas ann;
tá an fhilíocht féin faoi bhláth;
níl dealg na gránach ag déanamh othrais
i gcolainn óg an ghrá.

AR FHAITÍOS

Ar fhaitíos mo náirithe i bhfianaise fear,
a bhruinneall lách mhúscaí a thug cuireadh na gcneas,
thomhais mé do thréithe: airde is leithead,
múnlú do dhá chíoch is gorún is géag,
coibhneas ball beatha is slachtmhaireacht siúil,
loinnir do chuid gruaige is gileacht do shúl,
galántacht geáitsíochta is ceolmhaireacht glóir,
ar fhaitíos mo náirithe i bhfianaise fear.

De peur

De peur d'être humilié en la présence des hommes, gentille basanée qui
m'invita à l'amour, je mesurai tes attributs : hauteur, largeur; plastique de tes
seins, de tes hanches et jambes; proportion de tes membres et beauté de ton
pas; lustre de tes cheveux, brillance de tes yeux; élégance de tes gestes,
musicalité de ta voix – de peur d'être humilié en la présence des hommes.

ATHLÍNE

Bhraith mé na hógmhná ag comhrá sa gcaifé,
snas ar a ngnúis, 's iad go minic ag meangadh;
faoin súilsmideadh gualda bhí bior ar gach bandearc;
gal uathu; a ndéad géar gan mharach.

PIANBHREITH

Daoradh agus díbríodh go teach na scréach thú,
ceanglaíodh do réasún de leic na péine,
is tugadh do dheamhain urghránna cead céasta.
Is badh é an ceart é, a mhaisce! Ná séan é!

A scraimínigh a chuir suas do chaoimhe banchoinne
is arbh fhearr leat ná an teagmháil an teoiric dhá loime,
níl ionat ach glór, níl ionat ach pointe,
ach shíl tú a mhaíomh gur chuimsigh an chruinne!

Cén t-iontas an pionós! Neamhthuilleamaíoch ní bheidh tú.
Seachain an éigse más geal leat an t-éigniú.

Sentence

On t'a condamné et exilé à la maison des cris déchirants; on a lié ta raison à la dalle de la douleur, autorisé des démons hideux à te tourmenter. Ce n'était que justice, d'ailleurs! Ne le nie pas!

Homme de rien, qui refusa la douceur des rendez-vous, qui préféra la théorie au contact, aussi sèche soit-elle! Tu n'es qu'une voix, tu n'es qu'un point, mais tu as cru englober l'univers!

Rien de surprenant à cette punition! Autosuffisant tu ne seras pas. Évite la poésie si le viol te tente.

TÍR AN ALLAIS

Pays de la sueur

STÓR AN OIGHIR

Ghearradh na fir leac oighir na linnte gach geimhreadh le sábha; go dtugadh leo ar shleamhnáin í; go leagadh faoi shraitheanna mine adhmaid í i dteach talún faoi leith, áit a mbíodh sí ar fáil go lár an tsamhraidh féin.

Badh in í an ré sular tháinig an cuisneoir, an reoiteoir; saol m'athar agus é ina ghasúr; saol seanmhuintire, seanaintíní, is seanuncaileacha. Saol fiorsclábhaíochta, a deireadh an t-athair i gcónaí. Saol na Seanáite: feilm úd na muintire nach bhfeicinn ach ar éigean ón mbóthar uair sa tseachtain. Í ceilte i logán leathan gona srutháin is a coill, a breaclach is a goirt.

Stór an oighir. Cróití adhmaid thrína chéile. Badh in í an ré sular tháinig an choincréit as éadan. Stáblaí le haghaidh caiple is múillí. Badh in í an ré sular tháinig an mótar, an tarracóir, an comhbhuainteoir....

La Glacière

Chaque hiver les hommes coupaient avec des scies la glace des mares, l'emportaient sur des traîneaux et la déposaient sous des couches de sciure dans une salle souterraine particulière, où elle restait disponible jusqu'au cœur même de l'été.

C'était l'époque d'avant la venue du réfrigérateur, du congélateur; le monde de mon père quand il était enfant; un monde de grands-parents, de grands-tantes, et de grands-oncles. Un monde, comme le disait toujours mon père, de travail rude, ingrat, et acharné. C'était le monde du vieux domaine familial, cette ferme que je voyais à peine de la route avoisinante, une fois par semaine, cachée dans un large creux, avec ses ruisseaux et son bois, sa rocaille et ses champs.

La glacière. Un désordre de hangars et d'appentis en bois. C'était l'époque d'avant la venue du béton en grande quantité. Des écuries pour chevaux et mulets. C'était l'époque d'avant la venue du moteur, du

Is an teach féin, teach mór gan ardnós, póirsí is seomraí greamaithe dhe, is an chisteanach ina gcruinníodh muintir an tí is fir oibre is gaolta is comharsana ar cuairt go léití páipéir is go bpléití obair is seanchas is taibhsí.

Badh in é an saol sular tháinig an teilifís. Saol crua. Saol na gcolceathracha gealgháireacha baineanna lena n-ainmneacha ceolmhara nach bhfeicinn ach go fánach—Lucy, Winnie, Genevieve—an saol sular scaipeadh an mhuintir.

---

tracteur, de la moissonneuse-batteuse. . . . Et la maison elle-même, grande mais sans prétention, avec son accumulation de pièces et de galeries extérieures rajoutées. Avec sa cuisine dans laquelle se réunissaient gens de la maison, employés, et parents et voisins en visite, pour lire les journaux, discuter du travail, réciter les vieilles histoires du voisinage et causer de fantômes.

C'était le monde d'avant la venue de la télévision. Un monde rude. Le monde des cousines que je ne voyais pas souvent, ces filles riantes aux prénoms musicaux : Lucy, Winnie, Genevieve. Le monde d'avant la dispersion de la famille.

GABH I LEITH*

Bhí inneall ríchumhachtach an tarracóra mhóir ag búireach, ag búireach chomh hard is go gcloisfeá í, an tráthnóna Sathairn sin, ins chuile sheomra den teach agus ar fud na feilme go léir. Ina sheasamh os comhair na seide amach a bhí an tarracóir céanna, agus leantóir beag ceangailte dhe. In airde air, sa suíochán bog, a bhí sé féin.

"Hóigh! Gabh i leith!" a deir sé, in ard a chinn, gan corraí.
"Léim suas ar an leantóir go n-imeoidh muid go...."

É a dhiúltú? Cén chaoi a ndiúltódh mo leithéide-sa de stócach aonaránach a leithéide seisean?—fear fuinnimh, scile, is gnímh; fear gnó a raibh rath air, agus meas; fear nótaí tirime is cuntas beaince; fear innealra, beithíoch agus tairbh....

Approche*

Le moteur très puissant du grand tracteur mugissait, mugissait si fort qu'on aurait pu l'entendre, ce samedi après-midi, dans toutes les pièces de la maison et partout dans la ferme. Il faisait halte devant le hangar – le tracteur. Une petite remorque y était attachée. Tout en haut, sur le siège mou, il était assis – le chef.

– Hé! Approche! cria-t-il, sans bouger. Saute sur la remorque qu'on aille jusqu'à....

Lui refuser? Comment un garçon solitaire de mon genre pouvait-il refuser à un homme comme lui? – un homme d'énergie, de compétence, et d'action; un homme d'affaires bien menées; un homme respecté, d'argent liquide et de comptes bancaires; un homme possesseur de machines, de boeufs, d'un taureau....

---

* Féach Pictiúr VI/ *Voir planche VI.*

Ghéilleadh na fostaithe i gcónaí dhó.

Anonn liom go drogallach chomh fada leis an leantóir gur ardaigh mé cois liom go cúramach lena leagan air. Ar ala na huaire, bhog idir leantóir agus tharracóir cupla orlach chun cinn. Thuisligh mé.

Stop siad láithreach. D'ardaigh mé an chois arís. Bhog siad chun cinn an athuair. Dóbair dhom titim.

Ag stánadh anuas i ndiaidh a ghualainne orm a bhí sé féin ar feadh an achair. Tudóg sáite ina bhéal sioctha. A chois chlé ag scaoileadh na cráige oiread na fríde; a chois dheas ag oibriú an choscáin. Agus ar chúla na spéaclóirí cruach is gloine, i léas beag géar a shúl, bhí faoilte na fonóide agus éagóir an tsaoil.

Les employés se soumettaient toujours à lui.

J'allai à contrecœur jusqu'à la remorque; je levai avec soin mon pied pour le poser dessus. A ce moment, remorque et tracteur avancèrent de quelques centimètres. Je trébuchai.

Ils s'arretèrent tout de suite. Je levai à nouveau le pied. Ils avancèrent encore une fois. Je faillis tomber.

Lui me fixait pendant ce temps, me regardant d'en haut par-dessus son épaule, un cigare planté dans sa bouche rigide. Son pied gauche embrayait légèrement; son pied droit actionnait le frein. Et derrière ses lunettes d'acier et de verre, dans la petite lueur aiguë de ses yeux, il y avait une expression de moquerie et toute l'injustice du monde.

AN PIANÓ MEICNIÚIL*

do Mhireille Guégant, líodóir

Lá sna naoi n-airde, d'osclaíodh mo mháthair
an chomhla throm dhubh i dtosach an phianó.
Shocraíodh sí isteach ann ceann de na cornaí
páipéir bháin phollta a choinnítí san áiléar,
agus chasadh luamhán. Ligeadh an pianó
osna as. Chloistí cnagadh.
Agus sioscadh. Nó go dtosaíodh, go tobann, CEOL! —
amhrán seanchaite ag réabadh leis,
na méaracha ina bpéirí ag ísliú uathu féin
gan filleadh ná feacadh ach ag bualadh na nótaí,
ag cur na seacht n-iontas ar a raibh i láthair,
ag bodhrú a raibh i láthair. Go dtí

Le Piano mécanique*

à Mireille Guégant, peintre

Tous les trente-six du mois, ma mère faisait glisser le lourd panneau noir sur
le devant du piano, et après avoir engagé à l'intérieur l'un des rouleaux de
papier blanc perforé qu'on gardait d'ordinaire au grenier, elle remontait la
manivelle. Le piano, lui, poussait un soupir. On entendait taper. Chuinter.
Ensuite, soudain, de la MUSIQUE! Un air rebattu allait un train d'enfer, et
les clefs par deux s'abaissaient d'elles-mêmes – frappant sans la moindre
hésitation les notes, époustouflant toute l'assistance, assourdissant toute

---

* Féach Pictiúr VII/ *Voir planche VII.*

go moillíodh an mheicníocht arís,
cheal casaidh. Is go stopadh.

Aireagán intleachtach. Ionstraim gan mháchail.
Pianó meicniúil. Is fearr liom, áfach,
do phictiúr foirfe is a cheol doshonraithe
a leanfas go síoraí gan corna ná tochras.
Ceol tostach.

---

l'assistance, jusqu'à ce que, finalement, le mécanisme, faute d'être remonté, ralentit. Et s'arrêta.

Invention géniale. Instrument irréprochable. Piano mécanique. J'aime mieux, toutefois, ton tableau parfait et sa musique indéfinissable qui continuera, éternelle, sans rouleau ni remontage. Cette musique de silence.

MAR CHOMHARTHA BUÍOCHAIS

En signe de reconnaissance

RÍ NA gCAT*

Nocht sí chugat lá, a crúba in airde, a folt mionchatach ar lasadh. Scéimh na finne. Caint gan chuibheas. Ag sioscadh is ag spréachadh le dod. Ag scaoileadh ar chaon taobh, amhail piléir dhúluaidhe, seilí te bruite an ard-mhíshásaimh. Créatúr aduain as Coláiste na nEalaíon. Ar sise: "Complétez mon travail."

Bhí scríbhinní scrábáilte ar bhallaí do sheomra, ar bhallaí do bhlaoisce. Bhí scríbhinní smeartha ar do liobar de cholainn is do bhaill ghiniúna. Gan cuma gan caoi: dothuigthe. Agus nocht sí seo an lá seo chugat—ag cur scéine ort lena scéimh—agus d'fhógair go tur gur thú féin Rí na gCat.

13 Meán Fómhair 1995

Le Roi des chats*

Elle a surgi un jour devant toi, griffes levées, chevelure frisée en flamme. Beauté blonde. Langage malséant. Elle sifflait, pétillait d'énervement, lançait de tous côtés, comme des balles de plomb noir, les salives bouillantes du plus grand mécontentement. Un être insolite de l'École des arts plastiques. Qui dit: « Complétez mon travail. »

Il y avait des paroles griffonnées sur les murs de ta chambre, comme aux murs de ton crâne. Il y avait des paroles barbouillées sur ton corps pendouillant et tes parties génitales. Désordonnées et décousues. Inintelligibles. Et un beau jour voilà la fille qui surgit devant toi, t'effarouchant par sa vénusté, et annonçant sèchement que c'était toi le Roi des chats.

---

* Féach Pictiúr VIII/ *Voir planche VIII.*

Cur Síos ar Bhunchóipeanna na bPictiúr
Descriptif des peintures originales

I.   21.5 x 25.5 cm.
Peann luaidhe, dobharlí, agus pastal ar pháipéar.
21,5 x 25,5 cm.
Crayon, aquarelle et pastel sur papier.

II.   37.5 x 27 cm.
Dúigh chlóghrafaíochta, líocha, agus bíostar ar pháipéar.
37,5 x 27 cm.
Encres typographiques, pigments et bistre sur papier.

III.   19.5 x 32.5 cm.
Dúch agus cré ar pháipéar clóscríbhneoireachta.
19,5 x 32,5 cm.
Encre et ghassoul sur papier machine.

IV.   22 x 35.2 cm.
Pastal, aicrileach, agus bíostar ar chanbhás.
22 x 35,2 cm.
Pastel, acrylique et bistre sur toile.

V.   29.5 x 38 cm.
Dúch agus pastal ar pháipéar.
29,5 x 38 cm.
Encre et pastal sur papier.

VI.   17 x 19 cm.
Pastal agus guais ar pháipéar.
17 x 19 cm.
Pastel et gouache sur papier.

VII.   38.5 x 41.5 cm.
Bíostar agus aicrileach ar rianpháipéar agus é glaeite de cháirtchlár.
38,5 x 41,5 cm.
Bistre et acrylique sur calque marouflé sur carton.

VIII.   21.5 x 27.5 cm.
Dúch agus guais ar pháipéar.
21,5 x 27,5 cm.
Encre et gouache sur papier.